ज़ीरो माइल बरेली

ज़ीरो माइल बरेली

प्रभात सिंह

वाम प्रकाशन

पहला संस्करण, जनवरी 2025

वाम प्रकाशन
2254/2 ए, शादी खामपुर
न्यू रंजीत नगर
नयी दिल्ली – 110008

वाम प्रकाशन और लेफ़्टवर्ड बुक्स नया रास्ता पब्लिशर्स प्रा.लि. की प्रकाशन शाखाएँ हैं।

leftword.com

ISBN 978-93-92017-23-0

Zero Mile Bareilly
By Prabhat Singh

अम्मा-पापा और सनी के लिए

अनुक्रम

भूमिका

दास्ताँ हूँ मैं इक तवील मगर
तू जो सुन ले तो मुख़्तसर भी हूँ...

बरेली की दास्तान कहने की शुरुआत कहाँ से हो, अर्से तक तो इसी को लेकर पेश-ओ-पस बना रहा। कोई सिरा हाथ ही नहीं आता था। पाँच सदी पहले आबाद इस शहर को जितना मैंने देखा-जाना है, वह तो मुख़्तसर ही है। और वही यहाँ दर्ज करने बैठा हूँ। उन दिनों स्कूल में पढ़ता था, जब रेलगाड़ी के सफ़र में मिल गए एक बुज़ुर्ग ने पूछा, कहाँ जा रहे हैं और जवाब में बरेली बताने पर लगभग डांटने के अंदाज़ में सख़्ती से कहा – बरेली नहीं, बरेली शरीफ़ कहिए। तब समझ नहीं पाया था कि बरेली कहने पर उन्हें भला एतराज़ क्यों हुआ था। सालों बाद किसी ने दिल्ली में ऐसा ही सवाल पूछा, फिर बरेली की तस्दीक़ उन्होंने फ़िल्म के झुमके वाले गाने से की।

मेरा शहर किसी को सुरमे की वजह से याद आता है तो किसी को ज़री-ज़रदोज़ी या फिर फ़र्नीचर कारीगरों के हुनर के नाते। यों मानसिक चिकित्सालय (लोक में पागलख़ाना) होने की वजह से ठिठोली में लोग इसे राँची और आगरा के बाद तीसरे ठिकाने का दर्जा देकर भी याद रखते आए हैं। लंदन से दिल्ली की फ़्लाइट में मिला वह बंबइया लड़का भी याद आता है, जिसने बड़े उत्साह से बताया था कि बरेली को वह माँझे की वजह से पहचानता है, या फिर भोपाल में मिल गए अकबर अली जिन्होंने बताया कि पतंगबाज़ी के उनके पहले मुक़ाबले के वक़्त उनके वालिद ने रफ़्फ़न उस्ताद का बनाया माँझा देकर कहा था कि उसे तलवार से भी नहीं काटा जा सकता।

अर्क नंबर चार वाले बुज़ुर्ग डॉक्टर शर्मा के बारे में दरयाफ़्त करने के लिए इस्लामाबाद से वसीम अल्ताफ़ साहब ने फ़ोन किया तो यह भी पूछा कि क्या बरेली को ही रायबरेली भी कहते हैं! हार्वर्ड यूनिवर्सिटी से आए स्टीवन विल्किंसन को याद करता हूँ, जो अपने इस अंदाज़े को पक्का करने का इरादा लिए घूम रहे थे कि बहुत नाज़ुक मौक़ों पर यह शहर दंगों से किस तरह बचा रह जाता है। और तभी 1980 के

कर्फ़्यू का ज़ाती तजुर्बा और ज़िला जेल में मिल गए क़ादरी साहब का चेहरा ज़ेहन में कौंध जाता है।

अमिताभ बच्चन और न ही प्रियंका चोपड़ा की पैदाइश इस शहर में हुई, मगर यहाँ एक बड़ी तादाद ऐसे लोगों की भी है, जो इन दोनों पर ही बरेली का ज़बरदस्त हक़ मानते हैं। इस शहर के क्रांतिकारियों और जंगे-ए-आज़ादी के दीवानों का नाम लेकर फ़ख़्र करने वाले याद आते हैं। बहुतों के लिए यह पंडित राधेश्याम कथावाचक और निरंकारदेव सेवक का शहर है, वीरेन डंगवाल और वसीम बरेलवी का और ख़ालिद जावेद का शहर। कुछ तो ऐसे भी हैं, जो कभी यहाँ से गुज़रते हुए दीनानाथ की दुकान पर जाकर लस्सी पी आने के बाद उसके ज़ाइक़े से ही बरेली को याद कर लेते हैं। फिर लगता है कि इस तरह की सारी पहचानें तो उन लोगों के लिए हैं, जो शहर को बाहर से ही देखते-जानते हैं। इन पहचानों के बीच जो शहर बसता है, उसमें आबाद लोगों की ज़िंदगी, ज़िंदगी की बेहतरी की उनकी जद्दोजहद, उनका रहन-सहन, बोली-बानी, उनके संस्कार-संस्कृति की शिनाख़्त ही दरअसल शहर की असली पहचान है।

और ऐसा सोचते हुए प्रणव कुमार वन्द्योपाध्याय का उपन्यास *ख़बर* याद आ जाता है, बिहारीपुर में भगीरथ का न्यू जनता होटल और वहाँ जुटने वाले तमाम किरदार आँखों के सामने आने लगते हैं, जिनके बारे में लेखक ने शुरू में ही चेता दिया है कि सारे चरित्र और घटनाएं काल्पनिक हैं। किसी भी प्रकार का सादृश्य आकस्मिक ही समझा जाए। फिर भी, कितने ही किरदार और कितने ही वाक़ये एकदम सच्चे और आँखों देखे हुए मालूम होते हैं। और यह भी कैसा संयोग है कि बिहारीपुर के उसी इलाक़े में मेरा बचपन बीता, वहीं बड़ा हुआ और वहीं रहते हुए नौकरियाँ भी कीं। 560-बिहारीपुर के पते पर मेरी चिट्ठियाँ पहुँचतीं और सिटी सब्ज़ी मंडी में एक मीनार की मस्जिद का पता देने पर रिक्शा।

मार्क ट्वेन तो कभी बरेली नहीं आए, राहुल सांकृत्यायन मगर दो बार आए थे और रिक्शे में बैठकर शहर घूमने के बाद अपने खट्टे-मीठे तजुर्बे उन्होंने *मेरी जीवन यात्रा* में दर्ज भी किए हैं। 1910 में पहली बार आए तो सिटी स्टेशन के सामने अम्बाप्रसाद शाहू की धर्मशाला में ठहरकर उन्होंने बरेली घूमा-देखा और लिखा कि तभी से बरेली की मधुर स्मृति मन में बनी रहती है। दूसरी बार बरेली कॉलेज के प्रो. रामाश्रय मिश्र के बुलावे पर 'साहित्य और हिंदी के भविष्य' पर बात करने के लिए आए। कॉलेज

और गोष्ठी के ब्योरे के साथ ही उन्होंने यह भी दर्ज किया – 'कॉलेज के अधिकारियों में बूढ़ों का प्रभुत्व है। उत्तर पांचाल (रुहेलखंड) उत्तर प्रदेश के सबसे कम जागृत स्थानों में है। बूढ़ों में जान न हो, पर जवानों में क्यों नहीं, यह समझ में नहीं आता। हर जगह शिक्षित मध्य-वर्ग द्वारा राजनीतिक और सामाजिक क्रांति आई है। यहाँ का वह वर्ग अधिकतर मुस्लिम भद्र-वर्ग था, और वह राष्ट्रीय भावना से दूर हटकर विदेशी शासकों की सुर्ख़-रूई हासिल करने की कोशिश करता था। क्या यह कारण हो सकता है?' यह सन् 1948 की बात है। उनके इस तजुर्बे को पूरी आबादी का किरदार समझने की कुंजी तो नहीं मान सकते मगर यह भी एक पहलू तो है ही।

कभी बेहद सुकून और इत्मीनान की ज़िंदगी और क़ाबिल-ए-बर्दाश्त हलचलों वाले इस शहर ने देखते ही देखते इतनी तरक़्क़ी कर ली कि बहुतों को पहचान में ही नहीं आता। यहाँ अब एक हवाई अड्डा, दो बस अड्डे और चार रेलवे स्टेशन हैं, सड़कों पर ऑटो और ई-रिक्शा की बेशुमार भीड़ है, मर्सिडीज़, ऑडी, बीएमडब्ल्यू. भी हैं, सड़क की पटरियों पर कारोबार से ख़ाली बच गई जगहों में चटख़ रंगों वाले इश्तिहार हैं, फ़ैशनपरस्ती की बयार है, सितारों वाले रमाडा और रेडीसन हैं, नाइट क्लब और बार हैं, मॉल है, मल्टीप्लेक्स हैं, बंद और खुले जिम हैं, तरह-तरह के कारोबार और कुटीर उद्योग हैं, नए-पुराने ब्रांड वाले स्कूल-कॉलेज और इंस्टीट्यूट हैं, विश्वविद्यालय और मेडिकल कॉलेज हैं, अपार्टमेंट वाली बस्तियाँ और जगमग बाज़ार हैं यानी वह सब कुछ जो किसी भरे-पूरे और समृद्ध शहर की पहचान है मगर किताबों की दुकानें यहाँ नहीं रह गई हैं, कि पढ़ने-लिखने वाले भी कहाँ बचे हैं, लाइब्रेरी नहीं है, आर्ट गैलरी नहीं है, संगीत की महफ़िलें नहीं हैं, कोई साहित्यिक-सांस्कृतिक वैशिष्ट्य नहीं है।

सार्वजनिक जगहों पर चले जाइए तो सौंदर्यबोध का टोटा ही महसूस होगा। और इस तमाम ख़ला को पुर करने की जो छिटपुट क़वायदें होती रहती हैं, वे काफ़ी नहीं लगतीं। इससे भी ज़्यादा यह कि शहर को इसकी कमी नहीं खलती। जिनमें सचमुच कुछ कर दिखाने का हुनर और जज़्बा होता है, वे जाकर दूसरे शहरों में आबाद हो जाते हैं। कभी इन्कम टैक्स दफ़्तर वाली सड़क के किनारे लगे पत्थर पर एक सूक्ति लिखी हुई मिलती थी – केवल मूर्ख और मृतक ही अपने विचार नहीं बदलते। बरेली वालों ने इस सूक्ति का बहुत मान रखा है। ख़ुद को ज़िंदा क़ौम साबित करने के नारों को दरकिनार कर हर क़िस्म के बदलावों को वे बड़े निस्पृह भाव से ग्रहण करते हैं और

ज़िंदगी का हिस्सा बना लेते हैं। कुछ हुनर हैं, जो विरसे में मिले हैं और कुछ रवायतें भी। तो उन्हें ही कसकर पकड़ रखा है वरना यह ख़ालिस तिजारत पसंद लोगों का शहर रहा है।

प्रणव कुमार ने *ख़बर* में लिखा है, 'वैसे बरेली कभी भी ऐतिहासिक महत्व की जगह नहीं रही है, फिर भी इसका एक स्थानीय इतिहास तो ख़ैर है ही।' उनके इस नज़रिए को विद्वानों की बहस के लिए छोड़ देते हैं। मगर हर शहर, गाँव और क़स्बे का स्थानीय इतिहास तो होता ही है, और उसे दर्ज करने से इतिहासकार भले चूक जाएं, लोक उसे अपनी स्मृति में संजोये रखता है। तो इस किताब में जो कुछ भी है, आप उसे लोक स्मृति का एक छोटा-सा हिस्सा मान सकते हैं।

1. चरवाहों के क़िस्से और इतिहास

राहुल सांकृत्यायन ने अपनी टिप्पणी में जिस उत्तरी पांचाल का ज़िक्र किया है, कहा जाता है कि प्राचीन भारत के सोलह महाजनपदों में वह एक था और द्रुपद वहाँ के राजा थे। उनकी बेटी द्रौपदी इसी नाते पांचाली भी कही गईं। यह भी कि द्रुपद ने अपने दोस्त द्रोणाचार्य को अपने राज्य का आधा हिस्सा देने का वायदा नहीं निभाया तो द्रोणाचार्य ने उनसे लड़कर आधा राज्य जीत लिया। और यह आधा राज्य यानी उत्तरी पांचाल उन्होंने अपने बेटे अश्वत्थामा को दे दिया। अहिच्छत्र इसकी राजधानी हुई। आँवला के पास रामनगर में क़िले के अवशेष कहे जाने वाले मिट्टी के ऊंचे टीले और ईंट के कुछ भव्य ढाँचे अब भी मौजूद हैं। और आसपास के गाँवों के लोगों और यहाँ आने-जाने वाले चरवाहों के क़िस्सों में मणिविहीन मस्तक पर रुधिर की बहती धार लिए अश्वत्थामा को घूमते हुए देखने की किंवदंतियाँ भी शामिल रहती हैं।

किंवदंतियाँ अपनी जगह, मगर ये चरवाहे ही इतिहास और पुरातत्त्व में दिलचस्पी रखने वाले कितने ही लोगों के मददगार भी हुए। बारिश के दिनों में जब टीलों की मिट्टी कटती, उनमें दबा हुआ ख़ज़ाना बाहर आ जाता – सिक्के, मनके, मूर्तियाँ, मृद्भांड, जिन्हें ये चरवाहे सहेज लेते और फिर औने-पौने दामों में निजी संग्रह करने वालों को बेच देते। रुहेलखंड विश्वविद्यालय में पांचाल संग्रहालय को रमाशंकर रावत और सुरेंद्र मोहन मिश्र से दान में मिले संग्रह को देखकर यह बात अच्छी तरह समझी जा सकती है। अख़बार के दफ़्तर में मेरे वरिष्ठ सहयोगी सुनील शाह बारिश के दिनों में अक्सर अहिच्छत्र का चक्कर इसी उम्मीद में लगा लिया करते थे, और उनके पास भी छोटा-मोटा संग्रह हुआ करता था। यह सिलसिला पिछली सदी के आख़िर तक चलता रहा था।

सन् 1871 में अलेक्जेंडर कनिंघम ने यहाँ उत्खनन का थोड़ा-बहुत काम कराया, बाद में 1940 में भारतीय पुरातात्त्विक सर्वेक्षण ने कुछ जगहों पर बाक़ायदा उत्खनन किया। इनमें द्रुपद या द्रोण के काल का तो कोई साक्ष्य नहीं मिलता, अलबत्ता शुंग, कुषाण और गुप्त काल की तमाम मूर्तियाँ, मुद्राएं, मनके और बर्तन मिलते रहे हैं।

सबसे ज़्यादा मूर्तियाँ गुप्त काल की मिली हैं और इनमें से ज़्यादातर मिट्टी की हैं। यहाँ से मिली बलुए पत्थर की बुद्ध की प्रतिमा कुषाण काल में पहली सदी और कुबेर की प्रतिमा दूसरी सदी की मानी जाती है। मगरमच्छ पर सवार गंगा और कछुए पर सवार यमुना की काफ़ी बड़ी मूर्तियाँ अब राष्ट्रीय संग्रहालय में सहेजी हुई हैं, मिट्टी (टेराकोटा) की बनी इन मूर्तियों को पांचवीं-छठी शताब्दी का माना जाता है। हालाँकि यहीं से मिली 23वें तीर्थंकर पार्श्वनाथ की प्रतिमा का काल सात ईसा पूर्व का है।

पुरातात्त्विक दृष्टि से महत्त्वपूर्ण इस इलाक़े के प्राचीन इतिहास का पता यहाँ मिली मूर्तियों और सिक्कों के मार्फ़त बेहतर समझ में आता है। यहाँ से मिले ताँबे के सिक्कों पर ब्राह्मी लिपि में अग्निमित्र, सूर्यमित्र, भानु मित्र, भूमि मित्र, विष्णुमित्र, ध्रुवमित्र, जयमित्र, इंद्रमित्र, बृहस्पतिमित्र और अच्युत के नामों से यह तो पता चलता है कि यहाँ उनका शासन रहा होगा मगर उनके शासनकाल और क्रम का कोई अंदाज़ नहीं मिलता। अपनी किताब 'हिस्ट्री ऑफ़ पांचाल' में के.एम.श्रीमाली इन सिक्कों का समय 150 ईसा पूर्व से 125 ईस्वी तक ठहराते हैं। आख़िरी पांचाल नरेश अच्युत के समुद्रगुप्त से लड़कर हारने का इतिहास मिलता है, तो ज़ाहिर है कि वे समकालीन रहे होंगे, यानी 300-350 ईस्वी के बीच।

उस युग में इस क्षेत्र का नाम आदिकोट मानने वाले यह भी मानते हैं कि यहाँ मिले भव्य स्तूपों के अवशेष में से एक सम्राट अशोक का बनवाया हुआ था। अच्युत भी बौद्ध राजा था। यहाँ बहुतायत में मिले सिक्कों के आधार पर समझा जाता है कि बौद्ध राजाओं का यहाँ दबदबा रहा होगा। हालांकि 635 ईस्वी में अहिच्छत्र आए ह्वेन त्सांग को यहाँ नौ हिंदू मंदिर और तीन सौ जोगियों के साथ ही दस बौद्ध मठ और एक हज़ार भिक्षु मिले थे। यानी बौद्धों का असर मद्धिम होने लगा था।

संस्कृत में अहि का अर्थ है साँप और छत्र यानी छाता। कहते हैं कि कैवल्य पाने के लिए पार्श्वनाथ जब यहाँ तप कर रहे थे तो उनके बड़े भाई ने तप में बाधा डालने के लिए ज़बरदस्त बारिश कराई। तब नाग देवता धरणेंद्र ने उनके ऊपर हज़ार फनों वाला छत्र तानकर रक्षा की थी। जैन मान्यता के मुताबिक़ तभी से यह जगह अहिच्छत्र कहलाई। पार्श्वनाथ का यहाँ भव्य मंदिर है, मार्च में यहाँ बड़ा मेला जुटता है। यों जैन मतावलंबी पूरे साल यहाँ आते ही रहते हैं।

रोह के पठानों की आमद

तो कभी कटेहर कहे जाने वाले रामगंगा नदी के आसपास के इस इलाक़े में नई बसाहट के बारे में बदायूंनी की तारीख़ी किताब में पहली बार बरेली का ज़िक्र मिलता है, जिसमें उन्होंने 1568 में हुसैन क़ुली ख़ाँ को बरेली और संभल का गवर्नर बनाए जाने की बाबत लिखा है। इतिहास की किताबें बताती हैं कि जगत सिंह कठेरिया नाम के एक शख़्स ने सन् 1500 के आसपास जगतपुर नाम का एक गाँव बसाया था और बाद में इन्हीं के बेटों बासु देव और बरल देव ने 1537 में शहर बरेली की नींव रखी। पुराने शहर में जगतपुर नाम का एक मुहल्ला तो ख़ैर अब भी आबाद है। मगर जगतसिंह के बेटों के नाम को जोड़कर शहर को बांस बरेली कहे जाने की कहानी की किसी तरह पुष्टि नहीं होती। अलबत्ता इस किंवदंती पर यक़ीन करने वाले बहुतेरे हैं, और कुछ बरस पहले तो शहर में एक बासु-बरल नाम से एक स्कूल भी खुला है। कुछ लोगों के ख़्याल से सन् 1550 में जगत सिंह ने एक क़िला बनवाया था और बाद में उनके बेटे बासु देव ने शहर बसाया। मुहल्ला कोट का हवाला देते हुए एक मान्यता यह भी है कि बासु देव ने अब पुराना शहर कहे जाने वाले इलाक़े में एक क़िला बनवाया था।

ग़ौर करने की बात यह भी है कि अभी पिछली सदी के मध्य तक बरेली के आसपास बाँस ख़ूब हुआ करते थे। मुमकिन है कि बाँस वाले बरेली के नाते इसे बाँस बरेली की पहचान मिली रही हो। और जिन बस्तियों को मिलाकर शहर को नई बरेली की पहचान मिली, उन्हें आबाद करने का श्रेय राजा मकरंद राय को है। उन्होंने 1657 में पुराने शहर के पश्चिम में जंगल साफ़ कराकर नए मोहल्ले बसाए। यानी ऐन एक सदी बाद शहर का वह विस्तार हुआ, जिसमें मलुकपुर, बिहारीपुर, कुंवरपुर, बमनपुरी, आलमगिरीगंज और साहूकारा जैसे मोहल्ले आबाद हुए।

वक़्त गुज़रा, निज़ाम बदला तो ज़ाहिर है कि कुछ नाम बदले, कुछ नए नाम भी मिले। तो 12वीं सदी तक कठेरिया राजपूतों के शासन वाले कटेहर इलाक़े में भी बदलाव होते गए। इसकी एक वजह तो राजपूतों का बाग़ी तेवर ही था। दिल्ली सल्तनत के दौर में भी जब-तब अपना दबदबा बनाए रखने की ख़ातिर राजपूतों की बग़ावत की घटनाएं होती रहीं तो सुल्तान बलबन ने इस इलाक़े के घने और दुर्गम जंगलों को साफ़ करने का हुक्म दिया ताकि विद्रोही उनमें पनाह न ले सकें। मुग़ल आए तो राजपूतों से निपटने के लिए कटेहर के इलाक़े में ज़मीनें देकर उन्होंने

अफ़गानों को यहाँ बसाना शुरू किया। पठानों के ये क़बीले चूंकि पहाड़ों (पश्तो ज़बान में रोह) से आकर यहाँ आबाद हुए तो उन्हें रोहिला कहा गया और इस इलाक़े को नाम मिला – रोहिलखण्ड। यानी आज का रुहेलखंड।

केंद्रीय सत्ता में मुग़लों की ताक़त बनी रहने तक रुहेलों के ज़रिए कठेरियों को क़ाबू में रखने की उनकी तरक़ीब औरंगज़ेब के गुज़र जाने के बाद बहुत कारगर नहीं रह गई। स्थानीय स्तर पर अपनी सत्ता और दबदबे के लिए रुहेला क़बीलों ने ख़ुद ही आसपास के गाँवों पर क़ब्ज़े शुरू कर दिए। इन्हीं में से एक ग़िलज़ई क़बीला था। इनके ज़्यादातर लोग फ़ौज में नौकरी करते थे और दाऊद ख़ाँ के ज़माने से ही कटेहर पर क़ब्ज़े के लिए जंगें लड़ते रहे। दाऊद ख़ाँ कंधार के शाह आलम बादलज़ई का ग़ुलाम था, जो अपनी क़िस्मत आज़माने के लिए वहाँ से भागकर कटेहर आ गया था और लड़ाकों की एक टुकड़ी जमा करके ज़मींदारों और जागीरदारों की चाकरी करता था, उनकी तरफ़ से लड़ाइयों की अगुआई करता था।

एक बार जंग में लूट के साथ वह आठ साल के एक हिंदू लड़के को भी साथ ले आया। बहुतेरे इतिहासकार मानते हैं कि वह लड़का जाट दंपति की संतान था। दाऊद ने उसे अली मोहम्मद का नाम देकर पाला और 1720 में दाऊद की मौत के बाद उसके साथियों ने अली मोहम्मद ख़ाँ को ही अपना सरदार मान लिया।

इन्हीं अली मोहम्मद ने आंवला पर क़ब्ज़ा करके उसे अपनी राजधानी बनाया और शहंशाह ने उसे रुहेलखंड के गर्वनर का ओहदा भी दे दिया।

अली मोहम्मद ने अपने आख़िरी वक़्त में रहमत अली ख़ाँ को रुहेलखंड का हाफ़िज़ मुक़र्रर किया। हाफ़िज़ रहमत ख़ाँ के ज़माने में रुहेलों की ताक़त और परवान चढ़ी, उनकी गद्दी पीलीभीत और फिर बरेली रही। ख़ुद कई लड़ाइयों में शामिल रहे हाफ़िज़ रहमत ख़ाँ अवध के नवाब वज़ीर शुजाउद्दौला से बैर कर बैठे और अवध और अंग्रेज़ी फ़ौज़ों के हमले के ख़िलाफ़ लड़ते हुए मारे गए। यह 1774 की बात है। बरेली के कटघर में हाफ़िज़ रहमत ख़ाँ का मक़बरा अब भी मौजूद है, हालाँकि कभी भव्य और ख़ूबसूरत रही यह इमारत एएसआई के संरक्षण में होने के बावजूद अब बेहद ख़स्ता हाल में है।

यूं रुहेलों के हाथ से निकलकर रुहेलखंड पहले अवध के नवाब और फिर अंग्रेज़ों के क़ब्ज़े में चला गया।

2. रुहेलखंड की आज़ादी

सन् 1857 में शुरू हुई देश की आज़ादी की लड़ाई सिर्फ़ फ़ौजियों और सामंतों का विद्रोह थी, इस मिथक को सबसे ज़्यादा रुहेलखंड ने तोड़ा। इस लंबे संघर्ष के अलग-अलग दौर में नायकों के नाम और चेहरे ज़रूर बदलते गए, मगर बरेली की अवाम उनका साथ बराबर देती रही। इसे ढंग से समझने के लिए उस दौर की रुहेलखंड क्रांति को भी याद कर सकते हैं।

रुहेलखंड की क्रांति तारीख़ का ऐसा पन्ना है, जो किताबों में तो महफ़ूज़ रहा, लेकिन अवाम के ज़ेहन से कब का बाहर हो चुका है। यह केवल अंग्रेज़ी हुकूमत के दौर में गुलामी की जज़ीरों से आज़ादी की छटपटाहट के साथ ही उसे हासिल करने के जज़्बे और बहादुरी के क़िस्सों का इतिहास भर नहीं है, वक़्त के साथ जिन्हें भुला दिया गया, यह उस साझी विरासत की पहचान की याद भी है जो उस दौर के हिन्दुस्तानी समाज की ताक़त थी।

रुहेलखंड का इतिहास गवाह है कि अंग्रेज़ों ने बरेली के हिन्दुओं और मुसलमानों को एक दूसरे के ख़िलाफ़ भड़काने की तमाम साज़िशें रचीं मगर ख़ान बहादुर ख़ान और शोभाराम जैसे लोगों ने उनके मंसूबे नाकाम कर दिए। सरदार हाफ़िज़ रहमत ख़ाँ के पोते ख़ान बहादुर ख़ान, रुहेलखंड की आज़ादी के वह नायक थे, जिनकी अगुआई में जंगे-आज़ादी के नक्क़ारे पर पहली चोट पड़ी। और वह यादगार तारीख़ थी – 31 मई 1857। रुहेलखंड आज़ाद हो गया था। इस आज़ादी की उम्र थी – 11 महीने और चार दिन।

ख़ान बहादुर ख़ान रुहेला सदर अमीन के ओहदे से रिटायर हुए थे। यह ओहदा तब उप न्यायाधीश के बराबर होता था। सरकारी नौकरी के पेंशनयाफ़्ता होने के साथ ही हाफ़िज़ रहमत ख़ाँ का वंशज होने के नाते भी उन्हें पेंशन मिलती थी। हुकूमत के इतने भरोसे के थे कि तमाम मसलों पर अफ़सर उनसे सलाह-मशविरा भी करते थे। मगर दिल्ली से आ रही ख़बरों ने ख़ान बहादुर ख़ान को बेचैन कर रखा था।

वॉर ऑफ़ सिविलाइजेशन्सः इंडिया एडी 1857 में अमरेश मिश्र लिखते हैं कि

हालांकि ख़ान बहादुर ख़ान को अंग्रेज़ी हुकूमत की ताक़त का ख़ूब अंदाज़ा था और 1816 में चुंगी के नए टैक्स की वसूली में पुलिस की ज़्यादती के ख़िलाफ़ मुफ़्ती मोहम्मद एवाज़ की अगुआई में समूचे रुहेलखंड में फैले जनविद्रोह से निपटने में उन्होंने अंग्रेज़ों की मदद भी की थी, फिर भी वतनपरस्ती और अपने लोगों के लिए फ़र्ज़ की भावना ने उन्हें बाग़ियों की अगुआई के लिए प्रेरित किया। बरेली के बैंकर्स, हिन्दू व्यापारियों और शिया ज़मींदारों से उनके बढ़िया रिश्ते थे। एकजुट होकर लड़ने और बाद में आज़ाद रुहेलखंड के नवाब के तौर पर प्रशासनिक कामकाज चलाने में उनके इस भाईचारे का भी बड़ा योगदान रहा।

यही वो दौर था, जब नए ढंग के चर्बी वाले कारतूसों को लेकर हिन्दुस्तानी फ़ौज़ियों में बेचैनी की ख़बरें पूरे देश में फैल रही थीं। 10 मई को मेरठ छावनी में हुए विद्रोह की ख़बर चार रोज़ बाद बरेली पहुंच गई थी। आसपास के ज़िलों से बग़ावत की ख़बरों ने देशी फ़ौजियों में खलबली मचा दी थी। बरेली में 18वीं और 68वीं बंगाल नेटिव इन्फैंट्री के साथ ही तोपख़ाना और घुड़सवार फ़ौज भी थी। कारतूस के बारे में अफ़सरों के जवाब से संतुष्ट फ़ौजी एक बार फिर सशंकित हो उठे, जब उन्हें अभ्यास के लिए नए क़िस्म की बंदूकें दी गईं।

अफ़सर उनके इस तर्क का जवाब नहीं खोज पाए कि 'हमने और हमारे बाप-दादा ने इन्हीं बंदूकों से हिन्दुस्तान जीता तो फिर नई बंदूकों की ज़रूरत क्या है?' फ़ौज की कमान ब्रिगेडियर सिबॉल्ड के पास थी। 21 मई को सिबॉल्ड ने सभी फ़ौजियों की परेड बुलाई। ब्रिगेडियर ने उनसे किसी तरह के डर को अपने दिमाग़ से झटक फेंकने को कहा। रुहेलखंड के कमिश्नर एलेक्ज़ेडर ने भी फ़ौजी अफ़सरों को भरोसा दिलाया कि फ़ौज के प्रति सरकार की मंशा में कोई बदलाव नहीं आया है।

दो रोज़ बाद सरकार को भेजे ख़त में ब्रिगेडियर ने लिखा, 'फ़ौजें ख़ुश हैं और पूरे जोश में हैं। मुझे पूरा यक़ीन है कि जब भी उनकी ज़रूरत पड़ेगी, वे असरदार और वफ़ादार साबित होंगे।' हालांकि ब्रिगेडियर का यह भरोसा बहुत दिनों तक बना नहीं रह पाया। 29 मई को ख़बर आई कि 18वीं और 68वीं रेजीमेंट के सिपाहियों ने सवेरे नदी में नहाते वक़्त क़सम खाई है कि दोपहर को दो बजे वे अपने गोरे अफ़सरों की हत्या कर देंगे। अफ़सरों को सतर्क कर दिया गया। मगर फ़ौजियों की टोह लेने वालों को ऐसे किसी इरादे की कोई भनक नहीं लगी। 29 मई ख़ामोशी से गुज़र गई।

पर यह ख़ामोशी अनायास नहीं थी। दरअसल 25 मई को ईद मनाने के लिए छुट्टी पर गए रिसालदार मुहम्मद शफ़ी और तमाम मुसलमान सिपाही तब तक वापस नहीं आ सके थे। छावनी में तैनात तोपख़ाने के सूबेदार बख़्त ख़ां और घुड़सवार पलटन के रिसालदार मोहम्मद शफ़ी फ़ौज के बाहर भी विद्रोह की चेतना फैलाने वालों में शामिल थे। नौमहला मस्जिद में शहरियों के साथ ही फ़ौजी भी नमाज़ के लिए जुटते थे। कोतवाल बदरुद्दीन की सख़्त निगरानी के बावजूद ख़ान बहादुर ख़ान की अगुआई में वहां बैठकें होती रहीं और बख़्त खां के साथ ही दूसरे हमख़्याल लोग आज़ादी की लड़ाई की रणनीति पर मशविरा करते। इन लोगों का मानना था कि हिन्दुस्तान पर अंग्रेज़ी हुक़ूमत जायज़ नहीं और इससे निपटने के लिए बग़ावत ज़रूरी है। सरगर्मियां तेज़ थीं और तैयारियां पूरी।

मुल्क बादशाह का, सूबा ख़ान बहादुर ख़ान का

ख़ान बहादुर ख़ान अगले रोज़ कमिश्नर से मिले और उन्हें बता आए कि 31 मई को अंग्रेज़ी हुक़ूमत का ख़ात्मा तय है। चलते-चलते उन्हें अपनी जान की सलामती का इंतज़ाम करने का मशविरा भी दे आए। 31 मई की सुबह ही दो ऐसे वाक़ये हुए, जिससे अंग्रेज़ अफ़सरों के कान खड़े हो गए। कैप्टन ब्राउनलो के घर में आग लगा दी गई और ट्रेज़री पर तैनात गार्ड्स ने एक हिन्दुस्तानी अफ़सर के हाथ से चिट्ठी छीनकर फाड़ दी और उसे ख़ूब भला-बुरा कहा। ग्यारह का गज़र बजते ही तोप दगने और उसके साथ ही गोलियां चलने और नारों की आवाज़ों से अफ़सरों को आसन्न संकट का अंदाज़ हो गया।

ब्रिगेडियर सिबॉल्ड सहित कई फ़ौजी मारे गए, कमिश्नर एलेक्ज़ेंडर के साथ ही कई अफ़सर अपने भरोसे के सिपाहियों के साथ जान बचाकर नैनीताल भाग गए। बाग़ियों ने छावनी में अंग्रेज़ अफ़सरों के घरों को आग लगा दी, ट्रेज़री पर कब्ज़ा कर लिया और क़ैदियों को जेल से आज़ाद कर दिया। बाग़ियों से आ मिले इन अपराधियों ने शहरियों के घरों में पनाह लिए अंग्रेज़ों को ढूँढ-ढूँढकर क़त्ल कर दिया। इनमें जज, सिविल सर्जन और डिप्टी कलेक्टर के साथ ही अंग्रेज़ों के परिवार के लोग भी शामिल थे।

उसी रोज़ कोतवाली पर हुए जलसे के बाद शहर में मुनादी हुई – 'रिआया ख़ुदा की, मुल्क बादशाह का, सूबा नवाब ख़ान बहादुर ख़ान का'। शाम को हाथी पर सवार

ख़ान बहादुर ख़ान के साथ एक जुलूस शहर से गुज़रा ताकि लोगों में अमन और भरोसे की बहाली हो सके। शोभाराम को अपना दीवान तैनात करके ख़ान बहादुर ख़ान ने प्रशासनिक कामकाज संभाला। ख़ान बहादुर ख़ान को कामकाज के साथ ही इलाक़े की हिफ़ाज़त के लिए सिपाहियों की भर्ती के लिए रक़म की दरक़ार थी, क्योंकि पांच हज़ार सिपाही और चांदी के चार लाख सिक्के लेकर बख़्त खां तो बहादुर शाह ज़फ़र की ख़िदमत करने दिल्ली जा चुका था।

रक़म के इंतज़ाम के साथ ही उन्होंने आंवला की टकसाल से चांदी का सिक्का भी जारी कराया।

रुहेलखंड पर दोबारा काबिज़ होने की अंग्रेज़ों की कोशिशें लगातार जारी थीं। दिल्ली, अवध और कानपुर पर वे फिर से क़ब्ज़ा कर चुके थे। इधर थोड़े-से अंग्रेज़परस्त ज़मींदार रुहेलखंड के कुछ हिस्सों में अशांति फैलाने की कोशिशों में जुटे हुए थे। कॉलिन कैंपबेल की अगुआई में बरेली की ओर बढ़ रही अंग्रेज़ी फ़ौजों को रोकने के लिए रुहेलों ने नकटिया के क़रीब डटकर लड़ाई लड़ी मगर नाकाम रहे।

5 मई, 1858 को रुहेलखंड फिर से अंग्रेज़ों के कब्ज़े में चला गया।

पराजित ख़ान बहादुर ख़ान कुछ अर्से बाद बेग़म हज़रत महल के साथ नेपाल चले गए मगर राणा जंग बहादुर ने उन्हें पकड़कर अंग्रेज़ों के हवाले कर दिया। अंग्रेज़ हुकूमत ने उन्हें बरेली लाकर छावनी के क़िले में क़ैद कर दिया। उन पर मुक़दमा चलाकर 24 मार्च 1860 को उन्हें फांसी दे दी गई। हथकड़ी और बेड़ियों के साथ ही ज़िला जेल परिसर में उन्हें दफ़ना दिया गया। शोभाराम को कालेपानी की सज़ा हुई हालांकि उनकी सेहत को देखते हुए उन्हें मौलमीन (बर्मा) में क़ैद रखा गया। हुकूमत के ख़िलाफ़ पर्चे छापने वाले बरेली कॉलेज के शिक्षक मौलवी कुतुबशाह को काला पानी भेज दिया गया।

इतिहास की अध्येता ज़ेबा लतीफ़ ने अपने शोध-ग्रंथ में ख़ान बहादुर ख़ान की ग्यारह महीने चार दिन की नवाबी के दौर को अमन-चैन और सांप्रदायिक एकता के लिहाज़ से नज़ीर माना है। विलियम हावर्ड रसेल ने अपनी डायरी में गुरिल्ला युद्ध की उनकी रणनीति और कौशल को क़ाबिले तारीफ़ कहा है। *हिस्ट्री ऑफ़ द इन्डियन म्युटिनी* में कर्नल जी.बी. मैलिसन ने लिखा है कि रुहेलखंड के विद्रोह के मुक़ाबले उत्तर-पश्चिमी सूबों के उत्तरी हिस्सों में विद्रोह की घटनाएं बहुत मामूली थीं।

अमरेश मिश्र ने अपनी किताब में रुहेलखंड की क्रांति के महत्त्व को नए नज़रिए से समझाने की कोशिश की है। बक़ौल अमरेश, जिन इतिहासकारों को लगता है कि अंग्रेज़ी हुकूमत के ख़िलाफ़ लड़ने वालों की नीयत सिर्फ़ अपनी ताक़त या संपत्ति बचाने की थी, उन्हें यह भी सोचना होगा कि जिन्होंने अंग्रेज़ों का साथ दिया उनका इरादा भी तो ख़ुद को ही बचाने का था। इस लिहाज़ से देखें तो रुहेलों की लड़ाई दरअसल आज़ादी की लड़ाई ही थी। ख़ान बहादुर ख़ान अंग्रेज़ी हुकूमत के पेंशनर भी थे मगर जब ज़रूरत पड़ी तो वे उसी हुकूमत के ख़िलाफ़ लड़े।

विप्लव की निशानियाँ

रुहेलखंड क्रांति के इतिहास की तमाम निशानियाँ अब भी जगह-जगह बिखरी हुई हैं, हालाँकि लोगों में उन्हें लेकर प्रायः उदासीनता है। अक़ब कोतवाली तो ख़ैर अब जर्जर हाल में है, मगर ज़िला जेल में बनी ख़ान बहादुर ख़ान की क़ब्र आज़ादी की ज़िद की ऐसी निशानी है, आमतौर पर जहां कम ही लोग जाते हैं। हालांकि उनकी शहादत की तारीख़ यानी 24 मार्च को उन्हें याद करने वालों की एक जमात वहां अब भी जाती है। छावनी का वह क़िला अब सेना के पास है, जिसमें अंग्रेज़ों ने ख़ान बहादुर ख़ान को क़ैद रखा था। कुछ वर्ष पहले सेना ने इसे दुरुस्त करके शहरियों के लिए खोला भी था, मगर फ़िलहाल उसे बंद कर दिया गया है।

क्राइस्ट चर्च भी, जिसे कुछ अर्से तक फ़्री विल बैप्टिस्ट चर्च भी कहा गया, दौरे-गुज़िश्तां का एक गवाह है। सन् 1838 में बना शहर का यह सबसे पुराना गिरजाघर उन दिनों क्राइस्ट चर्च कहलाता था। तब गोरे फ़ौजी ही प्रार्थना के लिए वहां जाते थे। 31 मई को फ़ौजी वहां 'संडे सर्विस' के लिए जुटे थे। बाग़ियों ने चर्च पर हमला किया और उसके दरवाज़े बंद करके आग लगा दी। कहते हैं कि इस हमले में चालीस गोरे मारे गए। मरने वालों में चर्च के पादरी, उनकी पत्नी और उनका आठ साल का बेटा भी था। चर्च परिसर में इन तीनों की क़ब्रें अब भी मौजूद हैं।

बाक़ी लोगों के नाम का ब्योरा कहीं नहीं मिलता। साल भर में जब यह फिर से बना तो फ़ौजियों को गिरजाघर में हथियार ले जाने की इजाज़त भी दी गई। तब की बनी हुई ऐसी बेंच चर्च में अब भी इस्तेमाल में हैं, जिनमें पीछे की तरफ राइफल टांगने के लिए खांचे बने हुए हैं। हैरानी की बात यह है कि रुहेलखंड की क्रांति के तमाम

दस्तावेज़ों में इस चर्च पर हमले का कोई ज़िक्र नहीं मिलता। चर्च की बाहरी दीवार पर लगे पत्थर पर अलबत्ता विद्रोहियों के इसे तबाह कर देने और इसके पुनर्निर्माण का उल्लेख है।

चर्च के अंदर लगा एक और पत्थर बंगाल सिविल सर्विस के जॉर्ज डेवी रैक्स की स्मृति में है। नियाज़ अहमद ख़ाँ की किताब *तारीख़े-रुहेलखंड* के मुताबिक़ सेशन जज रैक्स और बरेली कॉलेज के प्रिंसिपल डॉ.डी.बक ने शहर में फैली बदअमनी के बाद क़िला इलाक़े में अमान अली ख़ां की कोठी में पनाह ली थी, मगर बाग़ियों ने कोठी पर हमला करके दोनों की हत्या कर दी थी।

एक और निशानी नौमहला मस्जिद भी है। वह रमज़ान का महीना था और 22 मई को आख़िरी जुमा। नमाज के लिए बड़ी तादाद में शहर के लोग और फौज़ी भी जुटे। नमाज के बाद मौलवी महमूद अहसन ने अपनी तक़रीर के दौरान हुकूमत के अत्याचारों से निजात के लिए बग़ावत को जायज़ ठहराया। इस तक़रीर ने अर्से से सुलगती चिंगारी को जो हवा दी, 31 मई की बग़ावत में उसकी बड़ी भूमिका रही।

क़रीब साल भर बाद अंग्रेज़ों के रुहेलखंड पर फिर से क़ब्ज़े के दौरान हुए क़त्लेआम की एक गवाह यह मस्जिद भी है, जहां फ़ौजियों ने अजान के वक़्त इमाम सैयद इस्माइल शाह की हत्या कर दी। यह बेहद पुरानी कच्ची मस्जिद सन् 1906 में पक्की हुई। एक बड़े गुंबद के साथ ही यहां नौमहले बने और यह नौमहला मस्जिद कहलाने लगी।

बरेली कमिश्नर के दफ़्तर में बरगद का पुराना पेड़ उन 257 गुमनाम क्रांतिवीरों की शहादत का गवाह है, अंग्रेज़ी हुकूमत ने जिन्हें इसी पेड़ से लटकाकर फांसी दे दी थी।

बरेली की जेल और बरेली कॉलेज की इमारत भी आज़ादी की लड़ाई की ख़ामोश गवाह हैं। रुहेलखंड की आज़ादी का वक़्त छोटा ही सही, मगर स्वाधीनता संग्राम की लपटें इन इमारतों में ख़ूब तेज़-तेज़ धधकीं। रुहेलखंड में बरेली और बरेली में बरेली कॉलेज इस क्रांति के केंद्र बने। यहाँ के शिक्षकों और छात्रों ने जंग-ए-आज़ादी में बढ़-चढ़कर हिस्सा लिया। बहुतेरे फांसी पर चढ़ गए या गोली मारकर ख़त्म कर दिए गए। बरेली कॉलेज के इतिहास में ऐसे अनाम शिक्षकों और छात्रों के साथ ही कॉलेज के गौरव कुछ शिक्षकों-छात्रों के नाम दर्ज हैं – मौलवी महमूद अहसन, मास्टर

कुतुबशाह, मुहम्मद अली ख़ाँ उर्फ़ जैमीग्रीन, पंडित दरबारी लाल शर्मा, निरंकार देव सेवक, सरदार अजीत सिंह (भगत सिंह के चाचा), सरदार संत सिंह, प्रताप चंद्र आज़ाद, कृपानन्दन, नौरंगलाल, सैयद नज़र हुसैन, द्वारिका प्रसाद, राममूर्ति, रंग बहादुर भारतीय, रघुनाथ प्रसाद तैयल, छैल बिहारी कपूर और दामोदर स्वरूप सेठ इनमें शामिल हैं।

25 मार्च 1858 को बिठूर से बरेली पहुंचे नाना साहब ने बरेली कॉलेज में ही डेरा डाला था। कॉलेज तब वहाँ हुआ करता था, जहाँ आज गवर्नमेंट इंटर कॉलेज है। अप्रैल के आख़िर तक वह यहीं ठहरे और अवाम को एकजुट रहने का पैग़ाम देने के साथ ही सिखों का शक्तिशाली फ़ौजी दल भी खड़ा किया। बरेली पर जब दोबारा अंग्रेज़ों का अधिकार हो गया तो कॉलेज के कमरों को 42वीं रॉयल हाईलैण्डर्स की सैनिक बैरकों में बदल दिया गया।

दमन के नए दौर के क्रांतिकारी

इसके बाद अंग्रेज़ी हुकूमत के दमन का नया दौर शुरू हुआ। शहरियों को आपस में लड़ाने और वैमस्य फैलाने के कई कारनामे उन्होंने अंजाम दिए। फिर वक़्त ने करवट ली, नई सदी में देश भर में आज़ादी के दीवाने अंग्रेज़ों के दमन के ख़िलाफ़ उठ खड़े हुए थे। बरेली भी इससे अछूता नहीं रहा। साइमन कमीशन का विरोध हो या सविनय अवज्ञा आंदोलन की हलचल, नमक आंदोलन या भारत छोड़ो आंदोलन की लहर, बरेली के स्वतंत्रता सेनानी इनमें बढ़-चढ़कर हिस्सा लेते और इसके एवज में हुकूमत का गुस्सा झेलते, जेल काटते, तकलीफ़ें उठाते और वापस लौटकर नए जोश और जुनून के साथ दमन के ख़िलाफ़ लड़ने के लिए खड़े हो जाते। दामोदर स्वरूप सेठ, धर्मदत्त वैद्य, पृथ्वीराज सिंह, ब्रजमोहन लाल शास्त्री, नौरंगलाल, राममूर्ति, छैल बिहारी कपूर, शिवचरण अग्रवाल, कृपानंदन, प्रताप चंद्र आज़ाद, रंग बहादुर भारतीय, चिरंजीवलाल गुप्त ... ऐसे नामों की बहुत लंबी सूची हैं, जिन्होंने इन आंदोलनों की अगुआई की, गिरफ़्तार हुए और लंबे समय तक जेलों में रहे।

सन् 1915 में देश की छावनियों में विद्रोह की रासबिहारी बोस की योजना नाकाम होने के बाद दामोदर स्वरूप सेठ को गिरफ़्तार कर लिया गया। बरेली में इस विप्लव की ज़िम्मेदारी उन्हीं को मिली थी। उन्हें सात साल की सज़ा हुई। बनारस

षड्यंत्र और काकोरी केस में भी उन्हें गिरफ़्तार किया गया। असहयोग आंदोलन में शामिल होने पर उन्हें ढाई साल का कारावास हुआ। कहते हैं कि अपनी क़ैद का सारा वक़्त उन्होंने बेड़ियाँ पहनकर काल कोठरी में ही बिताया। उनकी क्रांतिकारी उग्रता और वैचारिक प्रतिबद्धता से प्रभावित चंद्रशेखर आज़ाद ने उन्हें हिंदुस्तान सोशलिस्ट रिपब्लिकन एसोसिएशन का प्रधान बनाया था।

आज़ाद हिंदुस्तान में वह संविधान सभा के सदस्य भी रहे। उन दिनों बरेली वालों के बीच नारा मशहूर था – बांस बरेली का सरदार, सेठ दामोदर ज़िंदाबाद।

नमक क़ानून तोड़ने के लिए बरेली में जो जत्थे बनाए गए, बुधौली के ठाकुर पृथ्वीराज सिंह उसके नेता चुने गए। वह बदायूं में गुलड़िया जाते हुए गिरफ़्तार हुए थे। गाँधी से प्रभावित पृथ्वीराज सिंह डिप्टी कलेक्टरी छोड़कर आज़ादी की लड़ाई में शामिल हुए थे, और ज़रूरत पड़ने पर क्रांतिकारियों की हरसंभव मदद करते। क्रांतिकारी विजय सिन्हा उनके बच्चों के ट्यूटर के तौर पर काफ़ी समय तक उनके घर पर ही रहे। भनक लगने पर पुलिस ने उन्हें छावनी के एक सिनेमाघर से गिरफ़्तार कर लिया था।

जलियांवाला बाग की घटना ने ब्रजमोहन लाल शास्त्री के दिमाग़ पर ऐसा असर डाला कि किशोरावस्था में ही स्कूल छोड़कर आज़ादी आंदोलन में शरीक होने लगे। दामोदर स्वरूप सेठ की सोहबत मिली। फिर पढ़ने के लिए बनारस गए तो आज़ाद और बिस्मिल के साथ रायबरेली में डाका डालने गए। डकैती के मामले में तो वह बच निकले मगर बरेली में नमक क़ानून के ख़िलाफ़ भाषण करने पर पकड़कर जेल भेज दिए गए। फिर कभी व्यक्तिगत सत्याग्रह तो कभी असहयोग आंदोलन में जेल जाते रहे।

बरेली की जेल उन दिनों काला पानी से कम नहीं समझी जाती थी, क्योंकि यहाँ क़ैदियों पर ख़ूब सख़्ती की जाती। बरेली की पुरानी ज़िला जेल और सेंट्रल जेल पर लगे स्मृति स्तंभ उन तमाम स्वतंत्रता सेनानियों की पवित्र स्मृति हैं, देश की आज़ादी के लिए जिन्होंने अपना सर्वस्व न्योछावर कर दिया। क्रांतिकारियों पर विपुल लेखन करने वाले सुधीर विद्यार्थी की पहल पर क्रांतिवीरों की स्मृति अक्षुण्ण रखने के इरादे से सेंट्रल जेल में अलग-अलग द्वार उनके नाम पर हैं, साथ ही उनके संक्षिप्त परिचय वाले पत्थर भी लगाए गए हैं। सुधीर विद्यार्थी ने ही ये पत्थर बनवाकर जेल प्रशासन को भेंट किए हैं।

ख़ान अब्दुल गफ़्फ़ार ख़ाँ और जवाहरलाल नेहरू के नामों से शुरू होने वाले

ज़िला जेल के बाहर का स्मृति स्तंभ महिला सेनानियों की शिनाख़्त भी करता है। शीला देवी, शकुंतला देवी, चंद्रकली, कुलसुम फ़ातिमा, शांति देवी, चंदो और दुर्गा देवी सहित 25 से ज़्यादा नाम यहाँ के पत्थरों पर उकेरे हुए हैं। कंपनी बाग में लगी गाँधी प्रतिमा के पीछे बने दो स्तंभों पर भी आज़ादी के दीवानों के नाम खुदे हैं, हालाँकि उन स्तंभ पर गेरू सरीखे रंग की पुताई इतनी बार हो चुकी है कि अब कोशिश करके ही उन्हें पढ़ा जा सकता है।

3. कुछ पुराने नाम, कुछ नई पहचान

दिल्ली के रेलवे स्टेशन पर किसी मुसाफ़िर ने बरेली का टिकट मांगा तो काउंटर क्लर्क ने पूछा – किस ट्रेन से जाना है? वह हज़रत बरेलवी थे, तो झट जवाब दिया – आबिदा एक्सप्रेस से। क्लर्क ने दोबारा पूछा और फिर उनके दिए नोट फेंकते हुए झल्लाया – इस नाम की कोई ट्रेन नहीं चलती है। बेगम आबिदा अहमद जब बरेली की सांसद थी तो शहरियों की मांग पर उन्होंने दिल्ली के लिए एक नई रेलगाड़ी की पुरज़ोर पैरवी की थी और वह ट्रेन चालू हुई तो कृतज्ञ शहरियों ने उसे आबिदा एक्सप्रेस कहना शुरू कर दिया। दिल्ली वाला वह क्लर्क बरेलवी तो था नहीं, सो उसकी झुंझलाहट लाज़िमी ही थी।

यों शेक्सपियर को ही लगता था कि नाम में क्या रखा है, वरना यह तो हम सब जानते ही हैं कि नाम अपने यहाँ बड़ा मसला है, ख़ासकर नेताओं के लिए – उनकी राजनीति का निहितार्थ, और इस चक्कर में लोक में पहचान वाले ठिकानों के नाम बदलना उनका प्रिय शगल है। इधर स्मार्ट सिटी के नाम पर शहर का चेहरा बदलने की हड़बड़ी में भी अपना यह एजेंडा वे बिल्कुल भूले नहीं। हाल ही में डेलापीर चौराहे को नया नाम मिला – आदिनाथ चौक (जिसे लोगों ने अभी से डमरू चौक कहना शुरू कर दिया है क्योंकि चौराहे पर एक बड़ा-सा डमरू थामे हाथ का एक बुत लगा है), बिरादरी में नाम चमकाने के फेर में कोहाड़ापीर चौराहे को कायस्थ चौक पहले ही किया जा चुका था। आइज़ेटनगर को इज़्ज़तनगर कब कर दिया, यह रेलवे वाले भी नहीं बता पाते जबकि रोहिलखंड एण्ड कुमाऊँ रेलवे कंपनी के चीफ़ इंजीनियर रहे अलेक्ज़ेंडर आइज़ेट और उनके बाद की दो पीढ़ियों की सेवाओं को सम्मान देने के लिए भारतीय रेलवे ने इस रेलवे स्टेशन को उनका नाम दिया था। और जिसकी वजह से वह इलाक़ा ही आइज़ेटनगर कहा जाने लगा था। इसे अब इज़्ज़तनगर बोला और लिखा जाता है। शहामतगंज को श्यामगंज पुकारने की ज़िद भी ऐसी ही नीयत से प्रेरित लगती है। हाल ही में तीन मुहल्लों को नया नाम देने को मंजूरी मिली है – आलमगिरीगंज का नया

नाम शिवाजी नगर होगा, भूड़ को टीबरीनाथ नगर और फाल्तूनगंज को कालीबाड़ी कहा जाएगा।

इसी शहर का एक हिस्सा जाने कब से पुराना शहर कहा जाता है – कटरा चाँद ख़ां, सैलानी, जगतपुर लाला बेगम, रबड़ी टोला, सूफ़ी टोला, क़ाज़ी टोला, शाहदाना, जोगीनवादा जैसी पुरानी बस्तियों की समवेत पहचान पुराना शहर ही है। आलमगिरीगंज, साहूकारा, बिहारीपुर, कुँवरपुर, जख़ीरा, बाकरगंज, कटघर जैसे इलाक़े बाद में बसे। स्मार्ट सिटी के हल्ले में यह नई बरेली भी पुरानी हो चली है और बरेली डेवलपमेंट अथॉरिटी की अब ग्रेटर बरेली बसाने की तैयारियाँ ज़ोर-शोर से चल रही हैं।

हालांकि नामों को लेकर नेताओं की मंशा इतनी नई भी नहीं है। 1995 में कुंवर सुभाष पटेल मेयर बने तो अयूब ख़ाँ चौराहे को पटेल चौक कहने की शुरुआत उन्होंने ही की, उन्हीं दिनों चौराहे पर सरदार पटेल की मूर्ति भी लगी। अर्से तक इसे पटेल चौक की पहचान दिलाने की मुहिम चलती रही, 2019 में नगर निगम ने बाक़ायदा मंज़ूरी देकर यह नाम दस्तावेज़ में दर्ज भी कर लिया। मगर पुरानी पहचान अभी बरक़रार है।

यों पुराने नामों की कहानियाँ इतनी दिलचस्प और माना-ख़ेज़ हैं कि उनके बने रहने से किसी का कोई नुक़सान नहीं उल्टा शहर के इतिहास को ये समृद्ध ही करते हैं। शहर में पुर और टोले ख़ूब हैं। शिराज़ के मिर्ज़ा ऐन-उल-मुल्क ने यहाँ मिर्जई (पादशाही) मस्जिद बनवाई, वह मिर्जई मुहल्ला मशहूर हुआ। यह मस्जिद 1581 की तामीर है। 1657 में राजा मकरंद राय गवर्नर हुए तो नया शहर बसाने के इरादे से उन्होंने एक क़िला बनवाया, जामी मस्जिद और शाहदाना का मज़ार बनवाया, उनके नाम पर मकरंदपुर आबाद हुआ, कुँवरपुर, मलूकपुर और बिहारीपुर मुहल्ले उनके भाइयों के नाम पर बसे, आलमगिरीगंज का बाज़ार भी उन्हीं का बसाया हुआ है।

मकरंद राय का बनवाया क़िला तो ख़ैर अब नहीं है मगर वह इलाक़ा अब भी क़िला ही कहा जाता है। हाफ़िज़ रहमत ख़ाँ के नाम पर हाफ़िज़पुर, उनके बेटों के नाम पर ज़ुल्फ़िक़ारगंज और इनायतगंज बसे, और उनके वज़ीरों ने कटरा मानराय और गढ़ी मुहल्ले बसाए। बाग़ चम्पतराय और बीबीजी की मस्जिद भी उन्हीं दिनों के हैं।

बालजती उन बंजारा महिला की याद हैं, जिन्होंने कई कुएं खुदवाए। बालजती का कुआँ अब भी एक ख़ास जगह की पहचान बताने के काम आता है।

जिस तरह कुछ बस्तियों को नाम उन्हें बसाने वालों से मिले, उसी तरह बहुतेरी बस्तियाँ बसने वालों की वजह से पहचानी गईं – कंघी बनाने वाले जहाँ आकर आबाद हुए वह कंघी टोला हुआ, किसी बस्ती में नीम के पेड़ों पर इस क़दर कौआ रोर रहता कि लोगों ने उसका नाम ही कौआ टोला रख दिया, ईरान से क़ाज़ियों के ख़ानदान आकर जहाँ बसे वह क़ाज़ी टोला कहलाया, जहाँ तंदूर लगे और रोटियों की दुकानें सजीं वह नानबाई टोला और रबड़ी बनाने के हुनरमंद हलवाइयों का मुहल्ला रबड़ी टोला हुआ। क़साईख़ाने वाले इलाक़े में क़साइयों की तादाद ज़्यादा रही होगी तो वह क़साई टोला हो गया और फ़र्राशों के ठिकानों का इलाक़ा फ़र्राशी टोला कहा गया। पठानों के कुनबे जहाँ आबाद रहे वह रोहली टोला और सूफ़ियों के डेरों वाले इलाक़े की पहचान सूफ़ी टोला के तौर पर हुई। धीरे-धीरे बसते हुए शहर में ये नाम उन इलाक़ों की मुख़्तलिफ़ पहचान का बायस भर थे, चाहे उनकी जात-बिरादरी के नाम पर हों या फिर उनके पेशे के हवाले से। इससे ज़्यादा और कुछ किसी ने शायद ही सोचा हो और ये नाम भी हुक्मरान नहीं, अवाम ही तय करती और बरतती थी। शायद यही वजह है कि इतनी सदी बाद भी उनकी पहचानें बची रह गई हैं।

कुतुबउद्दीन नाम के एक व्यापारी ने जहाँ अपना ठिकाना बनाया, उस इलाक़े को अब भी ख़्वाजा कुतुब ही कहा जाता है। नवाब रामपुर की कोठी होने की वजह से जो जिस इलाक़े को रामपुर हाता कहा गया, रईसों के आबाद होने के बाद धीरे-धीरे वह रामपुर बाग़ और फिर रामपुर गार्डेन कहा जाने लगा है। नवाब की ख़ाली पड़ी कोठी में बरसों तक कुछ सरकारी दफ़्तर आबाद रहे, फिर वह कोठी बिला गई और अब वहां विला नज़र आते हैं। हालाँकि पिछली सदी बीतते-बीतते रामपुर गार्डेन रईसों की रिहाइश के लिए कम और डॉक्टरों और अस्पतालों के लिए ज़्यादा पहचाना जाने लगा था। सुभाषनगर, मढ़ीनाथ और कटघर मोहल्लों को अर्से तक 'लाइन पार' की पहचान मिली रही क्योंकि वहाँ जाने के रास्ते में रेल की पटरी गुज़रती है।

गुज़रे ज़माने के हुक्मरानों ने जहाँ गोला-बारूद रखने का ठिकाना बनाया, वह इलाक़ा अभी तक जख़ीरा ही कहलाता है। ज़काती मुहल्ले के नामकरण की कहानी

बड़ी दिलचस्प है। हुआ यह कि मलूकपुर बज़रिया से आगे के इलाक़े में कायस्थों के तमाम कुनबे रहा करते थे, और उनमें से कई पेंशनयाफ़्ता लोग भी थे। चूँकि गुज़रे ज़माने में लोग पेंशन को वज़ीफ़ा या एक तरह की ख़ैरात ही मानते थे तो लोगों ने उसे ज़काती कहना शुरू कर दिया। मुमकिन है कि ताने के तौर पर या मज़ाक में ऐसा कहा गया हो पर धीरे-धीरे वही मुहल्ले की पहचान बन गया, आज तक यही कहा जाता है। बाक़ी सौदागरान, मारवाड़ीगंज, ताड़ीख़ाना, चिड़ीमारान, हाथीख़ाना, तोपख़ाना जैसे नाम तो स्वयंसिद्ध ही हैं।

फ़र्नीचर वाले अयूब ख़ाँ

कई बरस पहले रेलवे स्टेशन पर बाहर से आए किसी कारोबारी को रिक्शे वाले से झिकझिक करते देखा था। वह पटेल चौक ले चलने को कह रहा था और रिक्शा वाला मना कर रहा था कि वह ऐसी कोई जगह जानता ही नहीं। मैंने उसे अयूब ख़ाँ चौराहे की तरफ़ ले जाने को कहा तो रिक्शा वाला यह कहते हुए झट से राज़ी हो गया कि इन्हें ऐसे बताना चाहिए था न!

ये अयूब ख़ाँ वही थे, जिन्होंने बरेली के फ़र्नीचर कारोबार को स्थानीयता के दायरे से निकाल कर शोहरत की बुलंदियों तक पहुँचाया। और यह कोई बहुत पुरानी नहीं, सदी भर पहले की बात है। सन् 1924 में अपने बड़े भाई याक़ूब ख़ाँ से अलग होकर अयूब ख़ाँ एण्ड सन्स के नाम से उन्होंने फ़र्नीचर का कारोबार शुरू किया था। अभी जहाँ सीतापुर आँख अस्पताल है, वहीं उनकी कोठी और कारख़ाना हुआ करता था। यहाँ उनकी फ़र्म के बड़े-बड़े इश्तिहार लगे होते, सो लोगों ने चौराहे की पहचान के साथ उनका नाम भी जोड़ लिया। और इस तरह वह अयूब ख़ाँ चौराहा हो गया। ज़रा-सा आगे बढ़कर कोतवाली के क़रीब उनका शो-रूम था, बाद में उसी जगह नॉवेल्टी सिनेमा बना और सिनेमाघर के सारे निशान मिट जाने के बावजूद वो जगह अब भी नॉवेल्टी चौराहा ही मशहूर है।

हालाँकि उन दिनों भी शहर में फ़र्नीचर के दो-तीन बड़े कारोबारी और थे, मगर अयूब ख़ाँ के यहाँ बने फ़र्नीचर की कलात्मकता और साख ने लोगों को इतना मुतअस्सिर किया कि रामपुर और भोपाल रियासतों के साथ ही अलीगढ़, संभल और

अवध के रईसों के लिए ख़ास फ़र्नीचर यहाँ से बनकर जाने लगे। यही वह दौर था, जब बरेली को बेहतरीन काष्ठ शिल्प के लिए याद किया जाने लगा। अयूब ख़ाँ के बाद उनके बेटों ने यह रवायत आगे बढ़ाई।

सन् 1944 की उद्योग विभाग की डायरेक्टरी में छपे 'मॉडर्न आर्ट इन डेकोरेशन एण्ड फ़र्नीचर' के उनवान वाले विज्ञापन में उनके बड़े बेटे मुख़्तार अहमद ख़ाँ उर्फ़ रफ़्फ़न ख़ाँ का नाम ज़रूर मिलता है मगर 'अयूब ख़ाँ के मशहूर कैबिनेट्स' का ज़िक्र सुर्ख़ियों में किया गया था। देश की आज़ादी के दौर की हलचलों में फ़ज़ा कुछ इस क़दर बदली कि दूसरे बहुतेरे लोगों की तरह ही इस परिवार ने भी शहर छोड़ने का फ़ैसला कर लिया और सारा कारोबार सरदार कुलवंत सिंह को दे डाला। कारख़ाने का कुछ हिस्सा 'स्वराज प्रेस' को किराये पर दे दिया। लेकिन होनी को कुछ और ही मंज़ूर था। मुख़्तार अहमद की हत्या हो गई। इसके बाद अयूब ख़ाँ के तीनों बेटे ख़लील अहमद, सुल्तान अहमद और उस्मान अहमद पाकिस्तान जा बसे। बताते हैं कि वहाँ भी उन लोगों ने ख़ानदानी कारोबार को ही आजीविका बनाया और 'बरेली फ़र्नीचर हाउस' के नाम से दुकान खोली।

बाद में उनकी कोठी और कारख़ाने की ज़मीन सरकार ने अधिगृहीत कर ली और फिर उस पर सीतापुर आँख अस्पताल बनाने की मंज़ूरी दे दी। वक़्त के साथ अयूब ख़ाँ का फ़र्नीचर और उनकी ज़िंदगी के क़िस्से धुंधलाते चले गए। और बाक़ी रह गया चौराहे को मिला उनका नाम, लोग जिसे बरतते हैं और इस तरह वह लोक की स्मृति में पैवस्त है। हाँ, नई पीढ़ी इस चौराहे को ताज़ा बने स्काईवॉक की वजह से पहचानना शुरू कर दे तो हैरानी की कोई बात नहीं।

4. बाज़ार नज़र आता है शहर

कुतुबख़ाना शहर का अहम मुक़ाम है और इसे मिले इस नाम की वजह यह है कि कभी वहाँ चुंगी की एक बड़ी लाइब्रेरी हुआ करती थी। वक़्त के साथ कुतुबख़ाने की इमारत ख़स्ताहाल हो गई तो 1962 में उसे गिरा दिया गया। कुतुबख़ाना चला गया मगर नाम बाक़ी रह गया। इसी कुतुबख़ाना चौराहे से क़िले की तरफ़ जाने वाली सड़क का एक बड़ा हिस्सा बड़ा बाज़ार है। सचमुच बड़ा है, क्योंकि शहरियों की तमाम तरह की बड़ी ज़रूरतें पूरी करता आया है। और इसके दाएं-बाएं निकलने वाली गलियों में भी कितनी ही तरह के कारोबार हैं – एक गली रंगरेज़ है, दर्ज़ी चौक है, ज़िल्दसाज़ों के ठिकानों वाली ख़ैरुल्ला गली, मिरधान गली जहाँ बिजली के सामान की दुकानें हैं, रतन कूचा, नीम की चढ़ाई, फूटा दरवाज़ा, गली वज़ीर अली में छापाख़ाने हैं, कूचा सीताराम जहाँ वैद्यों के कई ठिकाने हैं, कटरा मानराय और चुन्ना मियाँ के मंदिर को जाने वाला रास्ता है।

पुराने बरेली या कहें कि मेरे स्कूल के दिनों के बरेली में सारे महत्त्वपूर्ण बाज़ार कुतुबख़ाने के चारों ओर ही हुआ करते थे। निहायत ही रवायती क़िस्म की दुकानें, जिनमें लकदक पर बहुत ज़ोर नहीं था और न ही तब दुकान का सामान निकालकर बाहर पटरी तक फैलाने का चलन था। सड़कें घेरने का चलन नहीं था और मोटरों की इतनी रेलमपेल भी न थी, तो सड़कें इतनी खुली हुआ करती थीं कि जंक्शन से एक सिटी बस बरास्ता चौपुला, ज़िला परिषद दफ़्तर के सामने से गुज़रकर मोती पार्क तक आती और यहाँ से ज़िला अस्पताल और अयूब ख़ाँ चौराहे के रास्ते वापस जंक्शन तक चली जाती। बस के इस रास्ते में ही एक बड़ा ताँगा स्टैण्ड भी था, कुतुबख़ाना सब्ज़ी मंडी के ठीक सामने की तरफ़।

साइकिल रिक्शा उन दिनों इतनी बड़ी तादाद में नहीं थे और हर ख़ासो-आम के लिए ताँगा सबसे मुफ़ीद सवारी था। रईस लोग अलबत्ता अपने ताँगों से चलते।

तो लोगों को बड़ी ज़रूरतों के लिए ही बाज़ार तक जाना पड़ता था, वरना रोज़मर्रा

की छोटी-मोटी ज़रूरतें हर रिहाइशी बस्ती में चलने वाली दो-चार परचून और हलवाई की दुकानों से पूरी हो जातीं। वैसे इन्हें परचून की दुकान ही कहा जाता, मगर बिसातख़ाने का सामान, पूजा की सामग्री, स्टेशनरी, जड़ी-बूटी जैसी ज़रूरत की हर चीज़ वहाँ हाज़िर मिलती। ये दुकानें किसी जादूगर के हैट से कम चमत्कारी नहीं थीं, जहाँ मिर्च-मसाला, आटा-दाल से लेकर सुई-धागा, साबुन-तेल, धूप-लोबान, हर्र-बहेड़ा, जनेऊ-कलावा, फिटकरी, दाढ़ी बनाने का साबुन, ब्लेड, पेट्रोमैक्स के मेंटल, लैंप और लालटेन के शीशे, मिट्टी का तेल और कॉपी-पेंसिल, शीशा-कंघी, स्नो-पाउडर, बिस्कुट-लेमनचूस, खिलौने यानी दुनिया भर का सामान मिल जाता।

बाहर की तरफ़ शीशे के मर्तबान, अंदर लकड़ी की छोटे-बड़े ख़ानों वाली अलमारियाँ, दराज़ें, जगह-जगह जमे हुए कनस्तर, बोरे और भी जाने क्या-क्या वहाँ रखा होता। और ये सब कुछ इतना बेतरतीब होता कि कई बार कोई सामान निकालने के लिए बोरे या कनस्तर उठा-उठाकर दूसरी जगह जमाने पड़ते। कितनी ही तरह की खट्टी-मीठी और चटपटी गंध का भी ठिकाना होता था। अलग-अलग मौक़े पर अलग तरह की गंध आपकी सूंघने की ताक़त का इम्तिहान लेती। मामूली सिरदर्द, बुख़ार या पेट की तकलीफ़ हो तो फारगो मेंटल के टिन वाले डिब्बे में सेरिडॉन, एस्प्रो, एनासिन, आनंदकर या अमृतधारा का स्टॉक भी यहीं मिल जाया करता। होली क़रीब होती तो रंग-गुलाल और पिचकारी और दिवाली के आसपास पटाख़े, फुलझड़ी, पिस्तौल और बंदूक़ भी यहीं मुहैया हो जाती।

पाँच पैसे का सौदा और मिठाई मुफ़्त

बिहारीपुर सिविल लाइंस की हमारी रिहाइश के एकदम बाहर बब्बू की ऐसी ही दुकान थी। आँखों में काजल या कभी-कभी एक सलाई सुरमा, लुंगी और क़मीज़ में मिलने वाले बब्बू की क़मीज़ गर्मी के दिनों में अंदर एक कोने में दीवार पर खूँटी पर टंगी रहती और वह सैंडो बनियान में दिखाई पड़ते। दुकान पर भीड़ कम या ज़्यादा हो सकती थी मगर सौदा निकालने और हिसाब जोड़कर पैसे लेने में बब्बू का इत्मीनान हर मौसम में एक जैसा ही रहता। शायद वह इत्मीनान से जीने का दौर भी था। ख़ूब सौम्य, मितभाषी और अपने काम से काम रखने वाले इंसान। वहाँ आने वाले बच्चे चाहे दस

या पाँच पैसे की चाय की पत्ती का लिफ़ाफ़ा ख़रीदते या फिर चार आने का सौदा, पैसे लेने के बाद बब्बू अपने सामने रखी गुड़ की भेली में से एक छोटा-सा टुकड़ा तोड़कर उनकी हथेली पर ज़रूर रखते।

बरेली वाले गुड़ को मिठाई भी कहते हैं। तो जब कभी ग्राहकों में उलझे बब्बू यह रवायत भूल जाते, बच्चे उनके सामने हाथ फैलाकर याद दिलाते – मिठाई! झट से उनका हाथ भेली की तरफ़ बढ़ जाता और बच्चों का चेहरा खिल उठता। गुड़ का टुकड़ा फांकते हुए वे चबूतरे से छलाँग लगाते और सड़क पर सरपट दौड़ जाते।

बब्बू की एक बात जो मेरी समझ में कभी नहीं आई, वह थी – शेर वाली चवन्नी लेने से उनका इनकार। हम लोग जब कभी जौनपुर में अपनी ननिहाल से लौटते तो हमारे पास इकट्ठा रेज़गारी में ऐसी चवन्नियाँ भी होतीं, जिन पर अशोक की लाट के दूसरी तरफ़ शेर बना होता था। मालूम नहीं क्यों, बब्बू समेत शहर के तमाम दुकानदारों को उसकी सचाई पर यक़ीन नहीं था और वे यह कहकर चवन्नी लौटा देते कि दूसरी दे दो, ये यहाँ नहीं चलती। बरसों तक मेरे लिए यह पहेली बना रहा कि पानी की टंकी पर चढ़ते हुए ज़हर की बोतल के साथ किसी पाकिस्तानी जासूस के पकड़े जाने की अफ़वाह शाहंगज और बरेली दोनों जगह कैसे चल जाती थी, जबकि एक जगह फर्राटे से चलने वाला सिक्का दूसरी जगह पहुँच कर खोटा हो जाता था।

बब्बू के पड़ोस में स्टेशनरी की दुकान थी, स्कूली बच्चों को ललचाने के लिए वहाँ लेमनचूस और चूरन, पतंग और माँझा भी बिकता था और दो-एक पोस्टर बाहर की तरफ़ हवा में लहराते, जिन पर पतले काग़ज़ में लिपटे कुछ नंबर चिपके होते, ऊपर के हिस्से में नंबरों पर मिलने वाले इनाम का ब्योरा होता। नंबरों की हर पुड़िया की क़ीमत पाँच पैसे हुआ करती थी। यह उस दौर की लाटरी थी, जब पाँच पैसे में संतरे वाली पाँच लेमनचूस भी ख़रीदी जा सकती थी। थोड़े चिड़चिड़े, चालू और लालची क़िस्म के उस दुकानदार शमीम की चिढ़ कचौड़ी थी। पता नहीं उसका यह नाम कैसे पड़ा होगा मगर कई बार बच्चे जब मासूमियत से चिल्लाते – कचौड़ी एक पेंसिल दे दो तो वह पेंसिल ढूंढने के बजाय नारियल के पत्तों वाला अपना पंखा ढूँढने लगता ताकि कचौड़ी कहने वाले को सबक सिखा सके। उसकी दुकान से सटी हुई अनीस की साइकिल मरम्मत की दुकान थी, जो शमीम के चचा थे।

सामने की तरफ़ एक काफ़ी बड़ी और बहुत ऊंची छत वाली दुकान थी। वहाँ बैठने वाले हज़रत बड़ी उम्र के थे, चेहरे पर सफ़ेद दाढ़ी और आला दर्ज़े की तोंद के मालिक तज्जू सर्दियों में कुर्ता-बंडी पहने कभी-कभी चाय सुड़कते दीख जाते, मगर गर्मी के दिनों में सिर्फ़ तहमद पहने हुए दुकान के बाहरी हिस्से में पड़े एक तख़्त पर ऊंघते या फिर अख़बार पढ़ते हुए मिलते। उनकी दुकान में ख़ासतौर पर चाय की पत्ती, बिस्कुट-रस्क, बीड़ी-सिगरेट, कोयला और उपले ही मिलते और इस चक्कर में उनकी दुकान का एक बड़ा हिस्सा उदास रहता। स्वभाव में वह कचौड़ी के भी चचा थे और ग्राहकों से अक्सर उनकी झिकझिक हो जाया करती।

जलेबी वाले लाला, महरियों को भट्टी का सहारा

चौराहे के एक कोने पर हलवाई का ठिकाना था। उनका नाम रामऔतार था मगर उसे लाला की दुकान कहा जाता और लोग उन्हें इसी नाम से पुकारते भी थे। बाहर सड़क की तरफ़ चबूतरे पर उनके आसन की ऊंचाई तक पहुँचती हुई भट्टी थी और सामने की तरफ़ लकड़ी और शीशे का बना एक बक्सा, जिसमें से लड्डू, बर्फ़ी, पेड़े, कलाकंद और गुलाब जामुन झाँकते रहते। इसी बक्से के ऊपर वह थाल रखा होता, हर सुबह जिसमें ताज़ी बनी हुई जलेबियाँ रखी जातीं। उस दौर की मिठाइयों में आज की तरह की विविधता नहीं थी और न ही जूली और अनारकली जैसे दिलफ़रेब नाम। सादगीपसंद लोगों की तरह ही सादा मिठाइयाँ। भट्टी से लगातार उठते धुएं की वजह से दुकान की दीवारों का रंग काजल की कोठरी जैसा हो चुका था और उसके अंदर दही के कूंडे, दूध के भगौने, टोकरियों में भरे कुल्हड़ और मिठाइयों से भरी ट्रे रखी होतीं, ज़रूरत पड़ने पर जिन्हें वह बाहर निकाल लाते।

लाला की जलेबी के मुरीद दुकान पर सुबह जुटते और दूध पीने के शौक़ीन शाम को। भट्टी पर कड़ाह में औटता दूध वह नापकर निकालते, फिर एक बर्तन में चीनी डालकर उसे हाथ भर की ऊंचाई से दूसरे हाथ के बर्तन में गिराते। पाँच-सात बार यह प्रक्रिया दोहराने से वह मीठा दूध पीने लायक गर्म रह जाता, कुल्हड़ में पलटने पर ऊपर झाग जमा रहता, जिसके ऊपर वह कड़ाही के किनारे से सख़्त मलाई का एक टुकड़ा काटकर डाल देते। छोटा कुल्हड़ चार आने और बड़ा कुल्हड़ आठ आने का।

लाला मिठाइयाँ ही बनाते थे, समोसे या स्वाल-आलू ख़रीदने के बाद आगे मलूकपुर चौराहे तक जाना पड़ता था। यों नाश्ते के तलबगारों के लिए बिहारीपुर ढाल, बड़ा बाज़ार, साहूकारा और आलमगिरीगंज की कई दुकानों में जलेबी के साथ ही स्वाल और कसूरी मेंथी से गमकते आलू सबेरे-सबेरे ही तैयार मिलते थे, और उसकी वजह यह कि ज़्यादातर खत्री और बनियों के परिवार उन्हीं इलाक़ों में बसे हैं।

हमारी बस्ती में लाला की दुकान की ज़रूरत केवल दूध-दही या मिठाई के लिए ही नहीं पड़ती थी, बहुतेरों की नज़र उनकी भट्टी पर भी रहती। आसपास के घरों में काम करने वाली महरियों की कोशिश होती कि सुबह लाला के दुकान पहुँचने से पहले वे पहुँच जाएं और भट्टी से राख निकालकर काग़ज़ की थैली या किसी अख़बार के टुकड़े में रखकर अपने काम पर जाएं। तब बर्तनों की सफ़ाई के लिए किसी ब्रांडेड साबुन के बारे में सुना नहीं गया था। जूट के रेशे या खाट की पुरानी बाँद में यह राख लपेटकर जांगर के बूते ही बर्तनों की कालिख साफ़ हो जाती थी।

हालाँकि दूध और दही के साथ ही सफ़ाई के मामले में भगवान दास की साख लाला से कहीं बेहतर थी। उनका लकड़ी का खोखा लाला के सामने वाली सड़क के दूसरी तरफ़ पटरी के अंदर जुग्गन की चक्की की दीवार से सटकर लगा था। वहाँ पान, बीड़ी और सिगरेट भी मिल जाती थी। चौराहे की एक तरफ़ सिरके के आम बेचने वाले एक बुज़ुर्ग़ बैठते और दूसरी तरफ़ सड़क के किनारे से गुज़रने वाली नाली के किनारे बोरी बिछाकर याही नाम के एक शख़्स बैठते थे। उनके सामने ज़मीन पर रखे थाल में घर से बनाकर लाया हुआ मसालेदार आलू और सकोड़ा होता था। उनके आलू और कोफ़्ते इस क़दर ज़ाइक़ेदार होते कि घर वालों की सख़्त मनाही के बावजूद हम जब-तब खा ही लेते थे। हाँ, उनके दोने के बजाय हम घर से कटोरदान या कटोरी में ख़रीदकर ले आते।

हजामत के अड्डे और सस्ते गल्ले की दुकान

घर के सामने ही हजामत बनाने का इंतज़ाम था, नाली के ऊपर स्लैब के पार उस दुकान में 'पाकीज़ा' के गाने 'चलो दिलदार चलो ...' जैसी दृश्यावली वाली एक तस्वीर दीवार पर टंगी रहती थी और एक लंबे फ़्रेम में जड़े कई अंग्रेज़ चेहरे, अमिताभ

बच्चन के हेयर स्टाइल की धूम वाले उन दिनों में, जिनके बालों की अंग्रेज़ी तरतीब शायद ही किसी को भाती हो।

अपनी बारी का इंतज़ार करने वालों का वक़्त काटने के लिए कोने में एक स्टूल पर मायापुरी के नए-पुराने अंक रखे मिलते थे। तब आज की तरह के भव्य, महंगे, अभिजात और ब्रांडेड सैलून या पार्लर का उदय नहीं हुआ था। जो भी था, कमोबेश ऐसा ही था। इतवार को बाबूजी की साइकिल पर सवार होकर बाल कटाने के लिए हम सिविल लाइंस के ईरोज़ तक जाते – ख़ूब बड़े और शीशे से ढंकी दीवारों वाले उस सैलून में बैठने के लिए चमड़ा मढ़े हुए सोफ़े होते, स्टारडस्ट, सिनेब्लिट्ज़ और फ़िल्मफ़ेयर के साथ ही फ्रंटलाइन जैसी पत्रिकाओं को वहीं से जाना।

ख़ूब साफ़-सुथरे उस सैलून की एक ख़ूबी यह भी थी कि वहाँ बड़ी नफ़ासत से काम करने वाले अपने ग्राहकों से काम से सिवाय कोई और बात नहीं करते थे। हमारे मोहल्ले में तो नाई और बाद में उसके बेटे को भी ज़माने भर की ख़बरों से वास्ता होता और वे लगातार बतियाते ही रहते थे।

इसके पड़ोस में सस्ते गल्ले की दुकान थी, जिसे तौसीक़ अहमद यानी हमारे दोस्त बब्बू भाई संभालते। यह दुकान उनके वालिद शफ़ीक़ अहमद के नाम थी, जो शिक्षा विभाग से रिटायर हो चुके थे और कभी-कभार अपने निजी रिक्शे पर छड़ी लेकर बैठे कहीं जाते-आते दिखाई देते थे। रिक्शा चलाने वाले बुद्दा उनके घर के नौकर थे। दुकान उनके बड़े पुश्तैनी घर के बाहरी हिस्से में थी और जिसकी किवाड़ पर लगी टीन की चादर नोटिस बोर्ड का काम भी देती थी। किवाड़ बंद होते तो चॉक से उस पर – चीनी लेने गए हैं, या फिर तेल लेने गए हैं – लिखा हुआ मिलता।

बाक़ी चीज़ें तो नहीं मगर बाज़ार में चीनी और मिट्टी के तेल की क़ीमत को देखते हुए राशन की ये दुकानें बड़ी नेमत थीं और यही वजह है कि दुकान खुलने के वक़्त जमा भीड़ को अपनी बारी के लिए अक्सर कई-कई घंटे इंतज़ार करना पड़ता। बब्बू भाई हीरो के अपने काली स्याही वाले क़लम से रजिस्टर में राशन कार्ड का ब्योरा दर्ज करते और तमाम लोग उनके मोतियों जैसे अक्षरों के नाम अंगूठा लगाते या फिर दस्तख़त करते। हाँ, दस्तख़त के लिए हर किसी को वह अपना क़लम देते नहीं थे।

चीनी तोलते हुए बुद्दा पर वह लगातार निगाह रखते, क्योंकि तराज़ू पर रखे बाट बदलना वो प्रायः भूल जाते थे। पाँच किलो चीनी तोलने के बाद किसी को दो किलो

देनी हो तो बुद्दा पाँच किलो के बाट पर ही तोल रहे होते। जिसे लेनी है, वह ख़ामोश बना रहता। बब्बू भाई ही खीझकर बताते, 'अमाँ क्या कर रहे हो, कम से कम बाट तो देख लो।'

मछली बाज़ार यानी शुभ शकुन

और यहीं से कोई ढाई-तीन सौ मीटर आगे चलने पर सिटी की सब्ज़ी मंडी। सिटी इसलिए कि वहाँ से फ़र्लांग भर की दूरी पर बरेली सिटी रेलवे स्टेशन है, छोटा-सा उदास रहने वाला स्टेशन, जहाँ से होकर काठगोदाम, आगरा और मैलानी वाली छोटी लाइन की रेलगाड़ियाँ गुज़रती थीं, उनकी छुक-छुक तो नहीं पर रात के सन्नाटे में सीटी की आवाज़ बड़े इलाक़े में सुनाई देती थी। इसी स्टेशन पर व्हीलर्स के स्टॉल से मैंने अपनी लाइब्रेरी की पहली पाँच किताबें उस रोज़ ख़रीदी थीं, जब अंग्रेज़ी की क्लास में पालीवाल मास्साब ने लाला हरदयाल का एक निबंध पढ़ाते हुए व्यक्तिगत लाइब्रेरी की ज़रूरत और महत्ता समझाई थी।

तो अगले जन्म में छछूंदर बनने से बचने के लिए दिवाली के मौक़े पर जिमीकंद, कभी-कभार बेमौसम का कटहल या फिर अचार के लिए बड़ी तादाद में नींबू ख़रीदने के लिए ज़रूर कुतुबख़ाने या शहामतगंज की बड़ी सब्ज़ी मंडियों में जाने की ज़रूरत पड़ती वरना मौसम की सारी सब्ज़ियाँ ताज़ी और सस्ते में सिटी सब्ज़ी मंडी में ही मिल जातीं। रास्ते में जे.के.विद्या मंदिर के सामने की तरफ़ एक चिकवे की दुकान थी और सब्ज़ी मंडी के ऐन पहले वह मछली बाज़ार भी जुटने लगा था, जो पहले मलूकपुर पुलिस चौकी के सामने एक गली में हुआ करता था। किसी महत्त्वपूर्ण काम से निकलने वाले शाकाहारी लोगों की कोशिश भी मछली बाज़ार से होकर गुज़रने की रहती, कि रास्ते में मछली दिख जाना शुभ शकुन होता है।

इसी सड़क पर एक मीनार की मस्जिद है और उससे सटा हुआ क़ब्रिस्तान जिसके लोहे के फाटक पर लगी टिन की एक तख़्ती पर लिखा होता – तकिया काले शाह। स्कूल आते-जाते इस तख़्ती पर निगाह पड़ जाती तो लफ़्ज़ तकिया हमेशा उलझा देता। वैसे ही जैसे कुँवरपुर जाते हुए दीवार पर लिखी वह इबारत – हम्माम गर्म है। ऐसा ही एक हम्माम तब सराय ख़ाम में भी हुआ करता था। और ज़्यादातर मजदूरों और रिक्शे वालों के काम आता था। हम्माम और ग़ुसलख़ाने का रिश्ता जल्दी समझ

में आ गया, तकिया के मायने समझने के लिए थोड़ा और बड़ा होना पड़ा।

फेरीवालों की आवाज़ से गूँजती दुपहरिया

शहर की दूसरी रिहायशी बस्तियों में बब्बू, तज्जू, लाला या भगवानदास के नाम बदल जाते मगर वहाँ भी ऐसी सहूलियतें मुहैया कराने वाली दुकानें आबाद थीं। इनके अलावा देर सुबह से शाम तक आवाज़ लगाते कितने ही फेरी वाले घूमते – बहंगी में रखी मिट्टी की भारी मटकियों में गाँव से हल्का गुलाबी दही और मट्ठा लेकर बेचने वाले आते, किसी के सिर पर बड़ा थाल होता और उसमें कपड़े से ढांक कर सजे भगौनों में तरह-तरह की बंगाली मिठाइयाँ रहतीं, साइकिल पर बँधी चिक और चटाइयाँ, कपड़ों के गट्ठर लिए लोग मिल जाते, मनिहार, सिल कूटने वाले, गहनों की सफ़ाई करने वाले, हैंडपंप या स्टोव की मरम्मत करने वाले, आम, अमरूद, ककड़ी, खीरा, ख़रबूज, तरबूज़ के टोकरे सिर पर उठाए कुर्ते की बाँह से पसीना पोंछते पिघले डामर की सड़क पर नंगे पाँव चलते लोग। मौसमी फल लेकर आने वाले ये लोग रामगंगा के आसपास के गाँवों के होते, जो गर्मी के दिनों में नदी किनारे अपनी पालेज़ (ख़रबूज़े, तरबूज़ और ककड़ी के खेत) लगाते, ख़ासी मेहनत करके फ़सल उगाते और अपनी मेहनत का फल शहरियों को चखाने के लिए यहाँ-वहाँ का फेरा लगाते।

फेरी वाले आम तौर पर दोपहर से आने शुरू होते, जब गृहिणियाँ घर के कामकाज निपटाकर थोड़ी फुर्सत में होतीं और सामान देखने-ख़रीदने के लिए उनके पास समय होता। इन फेरी वालों के घर अमूमन तय हुआ करते थे। कॉल बेल तब कहाँ होती थी! आवाज़ लगाने या फिर दरवाज़े पर लगी कुंडी खटखटाने के ढंग से भी अंदाज़ हो जाता था कि बाहर कौन आया होगा। डाकिया चिट्ठी घर के अंदर डालकर कुंडी बजाता हुआ आगे बढ़ जाता, केवल रजिस्टर्ड डाक या मनीऑर्डर देने के लिए उसे घर वालों से मिलने की ज़रूरत पड़ती।

कभी-कभार भोंपू वाले रिक्शे भी निकलते, जिस पर बैठे धोती-कुर्ता और टोपी में सजे एक बुज़ुर्ग हर मर्ज़ की दवा के तौर पर बालमखीरा चूर्ण के गुणों का बखान करते गुज़र जाते, ऐसे ही रिक्शों पर सुरमा बेचने वाले आते, किसी नई फ़िल्म या फिर घटे दरों वाली फ़िल्म के बारे में ऐलान करने वाले रिक्शे आते, जो बीच-बीच में रिक्शे पर रखे प्लेयर पर गानों के रिकॉर्ड भी बजाते।

ख़ासतौर पर बच्चों को भला लगने वाले फेरी वालों की अलग जमात थी, इनमें बरफ़ गोले और आइसक्रीम वाला, बाइस्कोप वाला, संपेरा, भालू या बंदर नचाने वाला कोई क़लंदर, डमरू बजाकर मजमा इकट्ठा करने वाला मदारी, दंत मंजन या कोई करतबी दवाई बेचने वाला, कभी-कभार कोई देव रूप धरकर, दारोगा या असुर बनकर आ धमकने वाले बहुरूपिये – जमूरे को सफ़ेद कपड़ा ओढ़ाकर धड़ से उसकी गर्दन अलग करने वाला मदारी का खेल सिहरन से भर देता, मुझे रत्ती भर नहीं सुहाता था, बहुरूपिया अलबत्ता दिलचस्प मालूम होता था।

मयक़दे की महक

बमनपुरी जाने वाले रास्ते पर आगे बढ़कर एक ठिकाना था, जो अब भी है, और जिसके क़रीब से गुज़रते हुए एक तेज़ गंध हमेशा हवा में तैरती पाई जाती। आसपास आबाद मज़दूरों के टोलों में रहने वाले, तमाम सफ़ेदपोश और कई बार हाथ में तलवार लिए इलाक़े के दादा इस रास्ते पर अक्सर लहराकर चलते हुए पाए जाते। तब 'ठहरिये, मधुशाला यहाँ है' वाले बोर्ड चलन में नहीं आए थे, बस मयक़दे की महक ही काफ़ी थी। यह मलूकपुर भट्टी थी। और पन्नी नहीं, नारंगी या पारदर्शी आसव तब शीशे की बोतलों में बिकता, टैवर्न्स नहीं थे, मगर काउंटर पर कुल्हड़ में पीने की सहूलियत ज़रूर थी। पकौड़ी के एकाध ठेले भी आसपास लगते।

शहर के ऐसे ठिकाने कितने ही रिंदों के सपनों में बसते। यों कई थे मगर मलूकपुर, किशोर बाज़ार और मठ की चौकी का नाम काफ़ी सुना जाता था। और ये केवल रिंदों के बीच मशहूर नहीं थे, आम बोलचाल में दुकानों और तमाम घरों का पता देने वाले लैंडमार्क भी थे, मसलन – भट्टी से थोड़ा आगे दाएं हाथ पर गली में चौथा मकान, या भट्टी की तरफ़ पीठ करके खड़े होकर देखने पर बाईं ओर बोर्ड दिख जाएगा ...

उजाड़े के साल में आए, मगर ख़ुशहाली लाए

पंजाब के बुज़ुर्गों की याद में जो 'उजाड़े का साल' है न, उस साल और उसके बाद भी अपनी जड़ों से कटने का दर्द लिए एक बड़ी आबादी ने यहाँ आकर बसेरा किया। ज़्यादातर लोग पश्चिमी पंजाब और सिंध के अलग-अलग इलाक़ों से आए। शरणार्थी कहे गए ये लोग अपने साथ अलग तहज़ीब, नया ज़ाइक़ा और कारोबार का

नया मिज़ाज लेकर आए और तिजारतियों और कारीगरों की पहचान वाले इस शहर को अपने सपनों और मेहनत के बूते नए आयाम दिए, ज़्यादा समृद्ध किया। बहुतेरे सुभाषनगर में आबाद हुए, मॉडल टाउन के नाम से नई बस्ती बसी, गोल मार्केट और पंजाबी मार्केट जैसे नए बाज़ार बने और शहर को नई रंगत मिली। बाद में सिंधु नगर बसा और बन्नूवाल कॉलोनी भी।

सरदार गुरमुख सिंह से गुजरांवाला छूटा। अत्तार थे, दिलकश ख़ुशबुएं बनाना और बेचना ही उनका हुनर था। उन्होंने दिल्ली में और उनके बड़े बेटे सरदार संतोख सिंह ने यहाँ कुतुबख़ाने पर इत्रफ़रोशी का ठिकाना बनाया और इसको वही नाम दिया जो सरहद पार से लाए थे – भाई जी इत्र वाले। मियाँवाली में बेकरी चलाने वाले वसाया राम यहाँ आए तो उन्होंने कैंट बेकरी खोली। पेशावर के कामयाब फ़ोटोग्राफ़र मेला राम के बेटे लविंद्रनाथ विग ने यहाँ आकर मेला राम एण्ड सन्स के नाम से बी.आई.बाज़ार, सुभाष मार्केट और नॉवल्टी सिनेमा के पास तीन फ़ोटो स्टूडियो शुरू किए। ख़ैबर पख़्तूनवा के बन्नू से बरेली तक जिस ज़ाइक़े ने सफ़र किया, उसे 'कुमार वाले समोसे' के नाम से पहचान मिली। बन्नू के राधेश्याम गारखेल और उनके भाई सीताराम ने पहले एक रेस्तरां खोला, फिर कुमार टाक़ीज़ में कैंटीन का ठेका ले लिया। विशिष्ट स्वाद के बूते ही कुमार के समोसे शौक़ीनों के बीच ब्रांड बन गए। लाहौर से आए मूलचंद ने बी.आई.बाज़ार में लंदन बुक डिपो शुरू किया, जो किताबों-पत्रिकाओं के विशिष्ट चयन के चलते पढ़ने-लिखने वालों के बीच ख़ूब मक़बूल हुआ।

बड़ा बाज़ार में डायरी-कैलेंडर वाले सरदार कृपाल सिंह बन्नू वाले, चावला रेस्टोरेंट, तोलाराम कुल्फ़ी, बाँस मंडी में सोहनलाल आहूजा की सरगोधा सोप फ़ैक्ट्री, उनके बेटे रामऔतार आहूजा की अजंता स्वीट्स, मदनलाल चोपड़ा का छापाख़ाना वरदान प्रेस, सिंध से आए साधूराम निहलानी का बिस्कुट-नमकीन का ठिकाना साधूराम एण्ड संस, परमानंद चिक्कड़, तिलकराज और मुल्कराज भसीन ऐसे नामों की लंबी फ़ेहरिस्त में शामिल हैं, जिन्होंने शहर को और समृद्ध बनाने में बड़ा योगदान किया।

बी.आई. बाज़ार यानी शहर की मॉल रोड

शहर से छावनी इलाक़े में दाख़िल होने के रास्ते में खपरैल वाली एक बड़ी इमारत है – नटराज सिनेमा। अपनी फ़िल्मों के चयन की वजह से यह छावनी और शहर के

लोगों में बराबर लोकप्रिय रहा। अब तो यह ख़ैर एयर कंडीशंड सिनेमाघर है मगर खपरैल वाली इसकी छत जस की तस है। इसी से थोड़ा आगे जाकर ब्रिटिश इन्फ़ैंट्री (बी.आई.) बाज़ार है। यह बाज़ार इतना शांत, साफ़-सुथरा और क़रीने से सजा रहता है कि आसानी से इस रास्ते को मॉल रोड का दर्जा दे सकते हैं। पुराने दौर की आलीशान इमारतों में जो दुकानें हैं, वहाँ ख़रीद-फरोख़्त का पुराना ढर्रा कमोबेश अब भी क़ायम है। भीड़भाड़ कम ही रहती है, सो हड़बड़ी कहीं दिखाई नहीं देती बल्कि एक ख़ास क़िस्म का अनुशासन महसूस होता है। और ज़रूरत का सारा सामान यहाँ मिल भी जाता है। तो छावनी के फ़ौजियों और सदर के बाशिंदों के साथ ही शहर वाले भी कभी-कभार ख़रीदारी के लिए पहुँच जाते हैं। 19वीं सदी के आख़िर में बसे इस बाज़ार में आज भी अधिकतर दुकानें वे लोग ही चला रहे हैं, जिनके पुरखों ने शुरुआत की थी।

1880 में खुला जनरल स्टोर हकीमजी एण्ड संस अब तीसरी पीढ़ी के तस्नीम शम्शी चलाते हैं। मैं ख़ुद इस दुकान से ख़रीदारी करता रहा हूँ। साइकिल चलाने का शऊर सीख लिया तो बब्बा का ओवलटिन और पोलसन बटर लेने यहीं आता था। अंग्रेज़ी स्कूल में पढ़े-लिखे, हॉकी और फ़ुटबॉल के खिलाड़ी रहे तस्नीम भाई इस बाज़ार के इतिहास को समझने की मेरी कुंजी भी हैं। उन्होंने ही बताया कि अंग्रेज़ी हुकूमत के दौर में शाम को हॉकी खेलने या सैर करने के लिए निकले रंगरूट चूंकि लाल कुर्ती पहनते थे, तो शहरियों ने इसे लाल कुर्ती बाज़ार कहना शुरू कर दिया। 1958 में एक बार इसे पटेल बाज़ार कहे जाने की शुरुआत हुई मगर यह नाम किसी की ज़बान पर चढ़ा नहीं।

इस बाज़ार के बसने का क़िस्सा दिलचस्प है। बक़ौल तस्नीम शम्शी, आज जहाँ इमारतें और बाज़ार हैं, कभी वह जगह ख़ाली हुआ करती थी। फ़ौजियों के लिए शहर के बाज़ार दूर पड़ते थे तो अफ़सरों ने शहर के कुछ व्यवसायियों से अपनी ज़रूरत के सामान यहीं लाकर बेचने को कहा। तो कुछ व्यवसायी थोड़ा-बहुत सामान लेकर आ जाते और यहाँ फड़ की शक्ल का बाज़ार लग जाता। ज़्यादातर फड़ क्रॉकरी, बर्तन, जूते-चप्पल और कपड़े के लगते मगर शाम पांच बजे तक यह बाज़ार सिमट जाता ताकि अंधेरा होने से पहले वे अपने घर पहुंच जाएं। देर होने पर बड़े बाज़ार और कोहाड़ापीर जाने के लिए ताँगा नहीं मिलता था और कभी अंधेरे में फंस गए तो अंग्रेज़

रंगरूट उनका सामान छीन भी लेते थे। यह सिलसिला 1875 तक चलता रहा।

अफ़सरों को शाम को घूमने-फिरने वाली किसी जगह की कमी खलती थी तो उन्होंने इन व्यापारियों से पूछा कि वे शाम होने से पहले लौट क्यों जाते हैं और वजह मालूम हुई तो एक ब्रिटिश अफ़सर ने पेशकश की कि अगर उनको यहीं ठहरने की जगह दे दें तो क्या वे यहां रुक सकेंगे। व्यापारियों को यह बात जंच गई। उन लोगों से कहा गया कि जो जहां अपना फड़ लगा रहा है, उसी के पीछे की जगह अपने परिवार की ज़रूरत के हिसाब से ले ले और कच्चा मकान बना ले। अगले पाँच सालों में बाजार यहाँ गुलज़ार हो गया। फिर शहर के और अच्छे व्यापारी आने लगे, मेहरा परिवार ने यहां कपड़े की बहुत बड़ी दुकान खोली – राम गुलाम एंड सन्स। कालीचरन एंड सन्स कपड़े वालों ने भी तभी दुकान खोली।

अभी जहाँ मोटर पार्किंग है, आर.ए.नारीमन ने वहाँ पेट्रोल पंप और मोटर गैराज शुरू किया। दीवान चन्द टेलर आए, वह फ़ौजी अफ़सरों की वर्दी सिलते थे। उनकी ख़ासियत यह थी कि बरेली छोड़कर चले गए अफ़सर दस साल बाद भी अपना नाम उन्हें भेज देते तो वह उनकी वर्दी बनाकर भेज देते थे। फ़िरोज़ स्टूडियो, गेरा स्वीट्स, गैंडर्स एण्ड कंपनी, कैंट बेकरी, अटैची, जूते, परफ़्यूम की दुकानें, कोयले-लकड़ी की टाल और हज्जाम भी यहाँ आए। हजामत बनाने वाली दो दुकानें थीं मगर पेटी लेकर चलने वाले हज्जाम तीन-चार थे, जो साहबों के घर जाकर हजामत बनाते और मालिश करते थे, लोग इनको ख़बरची कहा करते। ये हज्जाम सारे इलाक़े की ख़बरें साहबों तक पहुंचाते और इस तरह आम लोगों को ख़तरनाक भी मालूम होते थे।

बदले शहर का अक्स बने नए ठिकाने

बरेली वाले शहर में खुलने वाले किसी नए ठिकाने का स्वागत जिस गर्मजोशी से करते हैं, किसी को भी लग सकता है कि मामला तो जम गया मगर थोड़े ही समय में उनका सारा जोश जाता रहता है और इसका नतीजा होता है – ताला। कुछ बरस पहले चौपुला के क़रीब बीकानेरवाला का रेस्तरां खुला, शहर ने यों हल्ला बोला कि टोकन लेने में ही आधा घंटा लग जाता। किसी तरह टोकन हासिल भी कर लें तो ज़रूरी नहीं कि प्लेट रखने की जगह भी मिल जाएगी। कुछ महीनों बाद मालूम हुआ कि बीकानेरवाले विदा हो गए, अब वहाँ बीकानेरी चल रहा है। इसके पहले सर्किट

हाउस चौराहे पर 'डॉमिनोज़' के आउटलेट का भी यही हस्र हुआ। सुना कि किसी ने फ़ूड प्वाइजनिंग की शिकायत करते हुए मुक़दमा कर दिया, वह बंद हो गया। मोती महल की आमद भी यहाँ बड़ी धूमधाम से हुई, कंपनी बाग़ के क़रीब एक शॉपिंग कॉम्प्लेक्स में रेस्तरां शुरू हुआ। साल भर से कम वक़्त में वहाँ किसी नए स्टोर का बोर्ड टंगा दिखाई देने लगा। स्टेशन रोड पर जब होटल चंद्रगुप्त बना तो लाल पत्थरों वाली उसकी भव्य इमारत के रुतबे का शहर भर में हल्ला मच गया, पिछले कई सालों से उस इमारत में सरकारी दफ़्तर चलते हैं और बाहर लगे बोर्ड से महीने के हिसाब से ठहरने के बंदोबस्त का पता चलता है।

ऐसे हादसों से सबक लिए बग़ैर आम्रपाली ने यहाँ कलक्टरबकगंज में एक मॉल बना डाला, शहर का पहला मॉल। थोड़ा दूर था मगर मोटरें भर-भर कर लोग पहुँचने लगे, फ़ूड कोर्ट में भी ख़ूब रौनक रहती। फिर सुना कि मॉल वाले दोपहर को अपने यहाँ के एस्केलेटर बंद रखने लगे क्योंकि लोग अपने बच्चों को इस पर चढ़ने-उतरने का तजुर्बा कराने के लिए ही वहाँ जाने लगे थे। फिर उस मॉल पर ताला पड़ गया। इसके बाद फ़िनिक्स का नया मॉल बनने तक मालदार शहरी खिलाने-घुमाने और फ़िल्म दिखाने के लिए अपने बच्चों या मेहमानों को लेकर गजरौला या मुरादाबाद जाने लगे थे।

बटलर प्लाज़ा में कभी आर्चीज़ और मिल्की वे की ख़ूब धूम रही। वह वर्चुअल शुभकामनाओं से पहले का दौर था तो सालगिरह के साथ-साथ मदर्स डे, फ़ादर्स डे और ताज़ा-ताज़ा ईजाद हुए वैलेंटाइन डे के मौक़े पर ग्रीटिंग्स कार्ड और नफ़ीस तोहफ़ों के लिए आर्चीज़ और बढ़िया स्लश और सॉफ़्टी के लिए मिल्की-वे नौजवानों की पहली पसंद बन गए थे। अब तो ख़ैर दोनों ही नहीं रहे।

एक ज़माना था कि किप्स की मिठाई, हार्टमैन की पढ़ाई और डॉ.सफ़िया ख़ान के मेटरनिटी होम में बच्चे की पैदाइश शहर के रसूख़दार लोगों का मेयार हुआ करता था। बड़े बाज़ार में श्यामलाल बिशम्भरनाथ की दुकान पर ऐसे लोग ही चढ़ते जिनकी जेबें भरी होतीं। बाद में किप्स के नाम से उनकी एक और दुकान सिविल लाइंस में शुरू हुई – उनकी दालमोठ और रसभरी ने ख़ूब शोहरत पाई। पिछली सदी के जाते-जाते मिठाइयों की दुनिया में अजंता स्वीट्स और दीपक के नाम लोकप्रियता की बुलंदियों पर चढ़ने शुरू हुए, और फिर धीरे-धीरे मिठाई की दुकानों की जगह भव्य शो-रूम

ने ले ली। इन बदलावों के बीच सपन और ग्लोरी स्वीट्स जैसे नाम भी आए, जिसमें से सपन वाली दुकान तो कभी की बंद हो गई। मिठाई के नए ज़माने के इन ठिकानों पर कंफ़ेक्शनरी, समोसे, चाट, आइसक्रीम पार्लर और मॉकटेल के काउंटर भी चलन में आ गए। और अब तो इन सबके कई-कई फ्रेंचाइज़ी शहर के हर कोने में हैं। वाजपेयी स्वीट्स, बिन्नू लाला और पूरन हलवाई जैसे मोहल्लों के कुछ हलवाई ही अपनी शोहरत के बूते बचे रह गए हैं, बाक़ी ने काम बदल लिया।

मिठाई की दुकानें अब केवल मिठाई की नहीं रह गई हैं, हालांकि नाम से वे अब भी ऐसा ही बोध कराती हैं, सो गुज़रे ज़माने की कई मशहूर बेकरी की पहचान धुंधला गई है। सत्तर के दशक में औसत आमदनी वाले घरों में कमल डेयरी बहुत पहचाना हुआ नाम था। उनके यहाँ के रस्क, क्रीम रोल, डबलरोटी, चीज़ ट्वीस्ट और बिस्कुट की बड़ी धूम हुआ करती थी। रियो जाने वाले क़ॉफ़ी के शौक़ीन रियो की पाइनएपिल पेस्ट्री के मुरीद थे।

1953 में चंद्र मोहन पंत ने रियो के नाम से शहर में जो रेस्तरां खोला था, ज़ाइक़े के क़द्रदानों के बीच जल्दी ही उसने बड़ी शोहरत पा ली थी। तो इसी रियो की बेकरी में काम करने वाले मुबारक अली ने जब फ़र्न्स बेकरी ख़रीदकर अपना कारोबार शुरू किया तो जिस एक चीज़ से बनी पहचान आज भी लोगों को खींचकर फ़र्न्स तक ले जाती है, वह उनकी पाइनएपिल पेस्ट्री ही है।

बेकरी उत्पाद की सबसे ज़्यादा खपत फ़ौज में हुआ करती थी सो छावनी और सदर में रहने वालों के लिए बी.आई. बाज़ार की कैंट बेकरी बहुत मुफ़ीद थी। कैंट बेकरी ने ही सबसे पहले मटन पैटीज़ बनाना शुरू किया, तो इसका श्रेय पमपम भाई कहे जाने रिटायर्ड सूबेदार को यूँ है कि पैटीज़ में भरा जाने वाला गोश्त का कीमा तैयार करना उन्होंने ही बेकरी के मालिक वसाया राम को सिखाया था। तहसील गेट पर मोहम्मद अतीक ख़ान की नेशनल बेकरी अंग्रेज़ों के ज़माने से अपने वेडिंग और क्रिसमस केक की ख़ूबी के लिए पहचानी जाती थी। बाद में सिविल लाइंस में एक और बढ़िया बेकरी शुरू हुई – के.जी.कन्फ़ेक्शनरी, पर कुछ सालों के बाद ही वह बंद हो गई।

त्यागी रेस्टोरेंट की आलू-पूड़ी से भी पहले बड़े बाज़ार में पन्नामल की कचौड़ियों और मंगामल की बालूशाही की ऐसी शोहरत थी कि दूसरे शहरों से आने वाले भी पहले इन ठिकानों पर जाते, फिर अपने काम पर। चावला रेस्टोरेंट और उसके क़रीब

तोलाराम की कुल्फ़ी की दुकान अब भी है, मगर उनके ज़ाइक़े को लेकर पहले जैसी दीवानगी नहीं रही। नॉवल्टी चौराहे पर दीनानाथ की लस्सी की दुकान के पड़ोस में ही रामेश्वर दास की भी लस्सी की दुकान थी, लेकिन दीनानाथ की शोहरत उनके कारोबार पर इतनी भारी पड़ी कि वे अपना कारोबार ही समेट गए। पंडित जी यानी हँसमुख के पड़ोस में ही मटर बेचने वाले दामोदर प्रसाद के बड़े बेटे लेखराज और फिर अमर पाल ने अपने हुनर, ज़ाइक़े और व्यवहार से अच्छी साख बनाई, इतनी कि उनके ठेले पर कोई नाम या ब्राण्ड लिखा हुआ नहीं मिलता। बक़ौल अमरपाल, अगर क्वालिटी नहीं देंगे तो नाम से ग्राहकों का क्या भला होगा। बाक़ी के दोनों बेटों ने भी वही लीक पकड़ी। शाम को चार बजते-बजते सारे भाई अपने-अपने ठिकाने से बर्तन समेटकर घर निकल चुके होते हैं।

रामभरोसे की दुकान अब भी उतनी ही छोटी और रवायती है, जैसी कि पचास बरस पहले हुआ करती थी। बड़े कड़ाह के गर्म तेल में आलू की टिक्कियाँ उनके यहाँ अब भी वैसे ही छनछनाती हैं और छोटे क़ाबुली चने के साथ वैसे ही परोसी जाती हैं। छोटे का ठेला अब दुकान में तब्दील हो चुका है, जिसके माथे पर लाला छोटे लाल चाट भण्डार, 54, सिविल लाइंस की इबारत वाली तख़्ती चमकने लगी है। रामपुर बाग़ में मुरादाबादी दाल और धनिया वाले आलू का ठेला लगाने वाले पंडित जी तो अब नहीं हैं, मगर उनकी ही तरह के ज़ाइक़े की शोहरत वाले चार भाई रामपुर बाग़, मेथोडिस्ट चर्च, जीपीओ और कचहरी के क़रीब ठेले लगाने लगे हैं।

बेनाम ठेलों वाले इन नौजवानों को अपने स्वाद की तासीर पर ज़्यादा भरोसा है। गुल्लू होटल, पिंडी होटल और शेर सिंह टिक्के वाले के नाम सामिष खाने के शौक़ीनों के ज़ेहन में ही बचे हैं, पिंडी छोड़कर दोनों अड्डे अब नहीं रहे। सोबरन लाल की ज़िद है कि अपनी दुकान पर सादी पत्ती और सादा पान छोड़कर कुछ और नहीं रखेंगे तो उनके हाथ की बनी सादी पत्ती के मुरीदीन उन्हें छोड़कर कहीं और नहीं जाते पर रंगीला, चौरसिया और पंडित जी के ठिकाने पान के साथ-साथ मसाला सोडा और नींबू लिम्का के लिए भी पहचाने जाते हैं।

अब तो ख़ैर बेशुमार नाम और ठिकाने चलन में हैं, सबके पास अपने क़द्रदानों की जमात है मगर वैसी लोकप्रियता का दौर चला गया, जब किसी ख़ास चीज़ का मज़ा लेने या ख़रीदने के लिए दूरी की परवाह किए बग़ैर लोग मशहूर दुकानों तक चले

जाया करते थे। शायद इसलिए भी कि गुज़रे ज़माने के लोगों के पास आज की तरह ढेर सारे विकल्प नहीं थे।

शहर के एक बुज़ुर्ग वकील आर.के. सक्सेना 1957 में देहरादून छोड़कर यहाँ आ बसे थे। गुज़रे ज़माने की साहित्यिक-सांस्कृतिक गतिविधियों से ख़ूब जुड़े रहे हैं। उनसे बातचीत में शहर के बदलावों के बारे में पूछ लिया तो जवाब में उन्होंने एक शेर पढ़ दिया – तहज़ीब औ तमद्दुन भी धकिया दिए पीछे को/ अब शहर को देखो तो बाज़ार नज़र आता है। शहर का एक चक्कर लगा लेने के बाद कोई अजनबी भी उनकी इस बात से इत्तिफ़ाक़ करने लगेगा।

हुआ यह कि 1980 में 4,40,000 की आबादी वाला शहर नई सदी के आते-आते 7,48,000 की आबादी वाला हो गया और अभी यह 13 लाख से ज़्यादा लोगों की रिहाइश वाला शहर है। आबादी बेतहाशा बढ़ी तो बस्तियों का ख़ूब फैलाव हुआ। पुराने इलाक़ों में रहने वाली आबादी को भी वे जगहें अचानक पिछड़ी, तंग और संकरी मालूम होने लगीं। तो लोग उन इलाक़ों में जाकर आबाद होना शुरू हुए, जिधर कभी जंगल और उजाड़ हुआ करता और दिन के उजाले में भी जिधर की रहगुज़र उनको कंपा देती थी। राजेंद्रनगर, डीडीपुरम्, संजयनगर के साथ ही पीलीभीत बाइपास, बदायूँ रोड, नैनीताल रोड, मिनी बाइपास, कलक्टरगंज और नकटिया वाले रास्तों पर बेशुमार नई कॉलोनी बसीं तो ज़ाहिर है कि उनकी ज़रूरतें पूरी करने के लिए नए बाज़ार भी बने।

मशहूर ब्रांड के सामान के बेहिसाब ठिकाने अचानक चारों तरफ़ दिखाई देने लगे, मगर सबसे ज़्यादा तरक्क़ी खाने-पीने के ठिकानों ने की है। स्ट्रीट फूड अब सिर्फ़ स्ट्रीट में नहीं मिलते, फैंसी कुर्सी-मेज़ वाले जगमग रेस्तरां में भी मिल जाते हैं, ठेलों की जगह अब ई-रिक्शा और वैन के मुस्तक़िल ठिकानों ने ले ली है। सफ़ाईपसंद लोगों का ख़्याल करके गोलगप्पे पहले दस्ताने वाले हाथों से मिलने शुरू हुए और अब उनका अरक़ या तो टोंटी से बरामद होता है या फिर गिलास में भर कर पेश किया जाता है।

यह ख़बर भी अब पुरानी हुई कि चाउमिन, मोमोज़ और मॉकटेल को शहरियों ने राष्ट्रीय खाद्य का दर्जा दे दिया है। अंग्रेज़ी और फ्रेंच नामों वाले इतने कैफ़े और बेकरी खुल गए हैं कि अलग से उनकी एक डायरेक्टरी बनाई जा सकती है – बरगास्ता, ब्रूबेरीज़, द ग्रे हाउस, मार्शमेलो, फ़्लैशबैक, बोर्लेज़ बाइट, हाइड आउट, ज़ीरो डिग्री

वगैरह-वगैरह। और कई ख़ालिस देसी नामधारी, मसलन गरम मसाला, डेरा ख़ास, बन मक्खन चाय, चाय सुट्टा और सिल बट्टा भी। पिज़्ज़ा हट, डॉमीनोज़, मैकडॉनल्ड्स, केएफ़सी, बर्गर किंग वगैरह के ठिकाने तो ख़ैर हैं ही।

कैफ़े की संस्कृति इतनी लोकप्रिय हुई है कि हर महीने-दो महीने में कोई नया कैफ़े दिखाई दे जाता है। कहीं पढ़ा था कि सार्त्र और सिमोन की मुलाक़ात किसी कैफ़े में हुई थी, काफ़्का और मिलेना की भी। कौन जाने अदब के इन पुरखों की रूहों का असर हो कि शहर की नई पीढ़ी को ये कैफ़े बड़े माक़ूल मालूम देते हैं। अब कंपनी बाग़ में तो इतनी बेंच का इंतज़ाम हो नहीं सकता कि घर के बाहर मिलने-बतियाने के ख़्वाहिशमंद नौजवानों के लिए काफ़ी हों तो यह भीड़ दूरदराज़ के कैफ़े में भी हमेशा चहल-पहल बनाए रखती है। इसी तरह स्ट्रीट फ़ूड के ठिकानों की बाढ़ आई है।

फ़ुटपाथ तो अर्सा पहले अपने होने का अर्थ खो चुके थे, पर उजाड़ फ़ुटपाथ को ज़ाइक़े के तलबगारों की वजह से नई ज़िंदगी मिल गई लगती है। शहर भर में फ़ुटपाथ अब कारोबार की जगह हैं, डीडीपुरम् या राजेंद्रनगर की सड़कों पर तो शाम के वक़्त इतनी भीड़ हो जाती है कि उधर से गुज़रना मुहाल होता है। इससे यह अंदाज़ भी लगा सकते हैं कि शहर के कितने घरों में रसोईघरों की शामें उदास गुज़र जाती हैं।

और हाँ, यह सब शहर को स्मार्ट बनाने की सरकारी कोशिशें शुरू होने के पहले की बात है।

विकास की रफ़्तार और भीड़ बेशुमार

मोटर से चलने वाले शहरियों का एक तबक़ा ऐसा भी है, जिसे कंक्रीट से बहुत प्यार है, तो शहर में जहाँ कहीं भी नींव की खुदाई शुरू होती है, इनका दिल बल्लियों उछलने लगता है, मिलते ही बताते हैं – 'कुछ भी कहो, इन्फ्रा पर तो काम हुआ है।' भले ही यह काम सड़कों को अतिक्रमण से बचाने के बजाय उसके समांतर ओवरब्रिज खड़े करने का ही क्यों न हो। चौपुला ओवरब्रिज, बरेली कॉलेज से ईंट पजाया चौराहा और सैटेलाइट चौराहे पर बने पुल कुछ इसी तरह के हैं। सैटेलाइट और शहामतगंज वाले पुल का नामकरण करना इंतज़ामिया जाने कैसे भूल गया है, वरना चौपुले वाले का नाम अटल सेतु और कोतवाली वाले का नाम महादेव पुल तय किया गया।

दुकानदारों के पुरज़ोर विरोध के बावजूद हाल ही में कोतवाली से कोहाड़पीर

तक एक और पुल बनकर पूरा हुआ है। मेयर ने एक सार्वजनिक कार्यक्रम में भाषण करते हुए कहा कि भविष्य में बरेली को पुलों वाले शहर के नाम से जाना जाएगा। लोगों ने गर्व महसूस करते हुए तालियाँ बजाई थीं। यह बात दीगर है कि इन पुलों पर चढ़ते-उतरते हुए लोग अब भी जाम में फंसते हैं। पुलों के नीचे से चलना तो ख़ैर और झंझट भरा काम है।

अकेला रोडवेज़ बस अड्डा शहर के बीचोबीच होने और बसों की तादाद बढ़ने की वजह से कई रास्तों पर ट्रैफ़िक जाम की गंभीर स्थिति से निपटने के लिए एक सैटेलाइट बस स्टैंड बना। डेढ़-दो दशक पहले तक इस बस स्टैंड से शहर के कई हिस्सों तक जाने के लिए कोई साधन नहीं मिलता था। पीलीभीत बाइपास रोड पर बस्तियाँ आबाद होने लगी थीं, मगर ऑटो या रिक्शा ढूंढे नहीं मिलते थे। अभी हालत यह है कि आप कहीं पैदल भी जाना चाहें तो जगह-जगह ऑटो और ई-रिक्शा 'गार्ड ऑफ़ ऑनर' देते-से मिल जाते हैं। सैटेलाइट बस अड्डे के सौ-डेढ़ मीटर के घेरे में तो इस क़दर भीड़ रहती है कि चौराहा पार करना दुश्वार हो जाता है। और यह नौबत पुल बनने के बाद आई है।

जानता हूँ कि कोई भी नई तामीर पुरानी की बुनियाद पर ही होती है, पुराना ख़ुद को ख़त्म करके ही नए को रास्ता देता है, और यह बात सिर्फ़ जगहों और इमारतों पर ही नहीं, इंसानों पर भी लागू होती है, हमारे सलीक़े और तहज़ीब पर भी लागू होती है। फिर भी यह सब याद करते हुए इबरत मछलीशहरी का वह शे'र याद करता हूँ,

जब आ जाती है दुनिया घूम फिर कर अपने मरकज़ पर
तो वापस लौटकर गुज़रे ज़माने क्यूं नहीं आते।

5. झुमका, सुरमा और बर्फ़ी

उस साल पुलिस लाइन्स के जन्माष्टमी कार्यक्रम में उस्ताद बिस्मिल्लाह ख़ाँ मंच पर थे। सुनने वालों के शऊर पर एतबार किए बैठे उस्ताद अपनी पसंद की कुछ नई, कुछ पुरानी चीज़ें सुना रहे थे। थोड़ा ही वक़्त गुज़रा था कि सामने से शोर उठा – झुमका सुनाइए, झुमका। अपनी दिलकश मुस्कान के साथ उस्ताद ने दिलासा दिया – वह भी सुनाएंगे। मगर आपके लिए जो नई चीज़ें लाया हूँ, पहले वह तो सुन लीजिए। कुछ देर में फिर से झुमका-झुमका की फ़रमाइश गूंजी तो वह झल्ला गए। झुमका बजाया और फिर शहनाई रख दी। संजय कम्युनिटी हॉल में आए ग़ुलाम अली को भी 'हंगामा है क्यूं बरपा ...' के हवाले से ऐसी ही मुश्किल पेश आई थी। और पेंटल को देखने वालों की भीड़ की ज़ोर-आजमाइश में तो कम्युनिटी हॉल के दरवाज़े के शीशे चूर-चूर हो गए थे। ये सारे वाक़ये थोड़े पुराने हैं, पर हाल ही में अपनी फ़िल्म के प्रमोशन के लिए शहर आए आलिया भट्ट और रणवीर सिंह थोड़ी देर के लिए झुमका तिराहे पर रुके तो मुरीदीन ने देर तक उन्हें घेरे रखा।

बहुतेरे बरेली वाले राजा मेंहदी अली ख़ाँ से वाक़िफ़ नहीं, मुमकिन है कि आशा ताई की आवाज़ भी न पहचानते हों मगर साधना पर फ़िल्माए गए 'मेरा साया' के गाने पर बरसा-बरस से लहालोट हैं। उन्हें अपनी यह पहचान फ़ख़्र के लायक़ मालूम होती है और इसका नशा इतना गहरा है कि जहाँ मौक़ा मिले, जताने से बाज़ नहीं आते। और तो और अपने शहर को झुमका नगरी कहना उन्हें ज़्यादा भाता है।

'मेरा साया' 1966 में आई थी और तब से अब तक बरेली वालों को हज़ारों बार इन सवालों का जवाब भी देना पड़ा है कि 'झुमका कौन से बाज़ार में गिरा था ...', 'वो झुमका जो गिरा था, मिला क्या!' या फिर तस्दीक़ का जुमला 'अच्छा झुमके वाला बरेली!' और आमतौर पर मासूम-सी मज़ाकिया जिज्ञासा या हल्की-फुल्की बातचीत के इस मिसरे को शहर के इंतज़ामिया ने इस क़दर दिल पर ले लिया कि दिल्ली से शहर में आने वाले तिराहे पर एकाध मन का झुमका लटकाकर ही माने। ताकि बिना सोचे-समझे मोटर में बैठ गए लोग उसे देखते ही ताड़ जाएं कि वे आख़िर कहाँ आ

पहुंचे है। कभी इस रास्ते में पड़ने वाली रबर फ़ैक्ट्री की जगमग या फिर कपूर की गंध में बसी हवा का झोंका बरेली आ पहुंचने की मुनादी किया करते थे। मगर यह सब अब गुज़रे ज़माने की बात हुई।

ख़ैर, बरसों तक हरिवंशराय बच्चन और तेजी सूरी की बरेली में हुई भेंट में झुमका गिरने की कहानी गढ़कर 'आइडेंडिटी क्राइसिस' से पार पाने-इतराने वालों ने स्मार्ट सिटी की उड़ान भरने के दौरान एक नया क़िस्सा गढ़ा और शहर के अख़बारों ने इसे बाक़ायदा छापा भी कि झुमका माने साधना के कान में झूमता सचमुच का गहना थोड़े ही है, हुकूमते-बरतानिया में झुमका नाम का एक ज़ुल्मी सिपाही था, जो बाज़ार में गिरकर फ़ना हो गया था। तो गाने में इसका मतलब यह है। बेपर की उड़ाने वालों को राज़ की यह बात चुंगी वालों ने बताई, जो कोई पीडिया बगल में रखकर शोध करते हैं। नया इतिहास शायद ऐसे ही बनता हो!

और यह कोई छिपी हुई बात तो नहीं है कि सिनेमा में गाने लिखने वालों का कच्चा माल लोक से ही आता रहा है। लोकगीत तो हमेशा से ही फ़िल्मों में छाए रहे हैं। 'झुमका गिरा रे बरेली के बाजार में ...' वाले गाने का हाल भी ऐसा ही है। और यह सच जानने के लिए लाइब्रेरी तक जाने की ज़रूरत भी नहीं (वैसे यह ज़हमत अब कौन उठाता है भला), इंटरनेट पर थोड़ा खंगालने से इस गाने के कम से कम दो पुराने प्रारूप आसानी से मिल जाते हैं।

तो झुमके का क़िस्सा यूं है कि सन् 1932 में एचएमवी ने एक रिकॉर्ड तैयार किया, जिसमें यह लोकगीत मिस दुलारी की आवाज़ में है और यह रिकॉर्ड फ़ोक यानी लोक गीत की श्रेणी में रखा गया था। और यह मानने में भी किसी को उज्र नहीं होना चाहिए कि गीत तो रिकॉर्ड बनने के काफ़ी पहले से लोक की ज़बान पर रहा होगा और लोकप्रिय भी रहा होगा। रिकॉर्ड बनाने के लिए इसे चुने जाने की कोई और वजह समझ में नहीं आती।

दूसरा प्रारूप शमशाद बेगम की आवाज़ में कोरस के साथ है, जो सन् 1947 में आई फ़िल्म 'देखो जी' में इस्तेमाल हुआ है। मिस दुलारी वाले रिकॉर्ड में यह सिर्फ़ तीन मिनट का गीत है क्योंकि 78 आरपीएम के रिकॉर्ड में एक तरफ़ इतनी ही जगह मिलती थी। यूट्यूब पर मिलने वाला फ़िल्मी गाना 2.52 मिनट का ही है। मुमकिन है कि मूल इससे ज़्यादा लंबा हो, क्योंकि उस दौर की फ़िल्मों में गाने सात-आठ मिनट

के तो होते ही थे। और दोनों गीतों में एक बंद एक जैसा ही है और एक अलग। फ़िल्म वाले गाने का क्रेडिट वली साहेब को दिया गया है। गाना डॉट कॉम पर यह गुलाबी और अंजुम की आवाज़ में बताया गया है।

और गाने के बोल यह रहे –

झुमका गिरा रे, मोरा झुमका गिरा रे।
झुमका गिरा रे बरेली के बाजार में

सास मोरी रोये ननद मोरी रोये
सैंया बोले गले में बइंया डाल के। झुमका गिरा रे ...

जेठ मेरा ढूंढे जिठानी मेरी ढूंढे
सैंया ढूंढे नैनों में नैना डार के। झुमका गिरा रे ...

सैंया मोरा गावै बहन मोरी गावै
सैंया गाये रे गले में बाजा डाल के। झुमका गिरा रे ...

पेशावर वाली मिस दुलारी के गाने में एक अलग बंद 'सास मोरी रुठै ननद मोरी रूठै ...' मिलता है।

अलबत्ता शहरियों का एक तबक़ा है, जो झुमके को बरेली की सांस्कृतिक पहचान से जोड़े जाने पर ख़फ़ा भी रहता है। ऐसे ख़फ़ा बरेलवियों ने सोशल मीडिया में इस बाबत सवाल पूछे, पर जवाब कोई और क्यों दे भला? राजा मेंहदी अली तो ख़ैर काफ़ी पहले ही गुज़र गए थे। फरीदपुर के विधायक श्याम बिहारी लाल ने फ़ेसबुक पर लिखकर पूछा कि फ़िल्म 'बरेली की बर्फ़ी' में शहर का नाम है तो क्या बर्फ़ी का बुत चौराहे पर टांग देना चाहिए? कुछ लोगों को 'लूज़ टॉक' में मोइन अख़्तर का हिन्दुस्तान से गए शायर वाला क़िरदार भी याद आता है, जो अनवर मक़सूद को बार-बार बरेली आने का न्योता देता है – 'एक दफ़ा सिर्फ़ एक दफ़ा तू बरेली आ जा, मैं तुझे बीच चौक पर बताऊंगा कि मैं यहां क्यों आया था!' यों लोग तो इस हद तक अंदाज़ा

लगा चुके हैं कि अब वह जगह कोई चौक नहीं, झुमका तिराहा ही होगी।

पहले झुमका, फिर सुरमा और फिर बर्फ़ी ... बम्बइया सिनेमा बरेली को ऐसी ही इज़्ज़तें बख़्शता आया है। पता नहीं बर्फ़ी का कोई मतलब भी है या सिर्फ़ अनुप्रास की झोंक में फ़िल्म को यह नाम दे डाला होगा। यों शहर बरेली में बर्फ़ी का कॉपीराइट 'किप्स' के देवेंद्र खंडेलवाल रखते हैं, जिन्होंने प्रियंका चोपड़ा के किसी इंटरव्यू में अपने यहां की बर्फ़ी का ज़िक्र सुनकर 'प्रियंका बर्फ़ी' अलग से ईजाद कर रखी है। कहीं इसी के एक टुकड़े पर फ़िल्म बना डाली हो, कोई भरोसा थोड़े ही है।

हाँ, 'लोक परलोक' में ज़रूर मदन पुरी के हिस्से में एक डायलॉग था – हमारे बरेली वाले मंत्री जी ... और फ़िल्म में यह संवाद अलग-अलग प्रसंग में कई बार आता है। यह 1979 की बात है और तब बरेली में एक ही मंत्री होते थे, राम सिंह खन्ना। उनकी ख्याति से पुराने लोग तो ख़ैर वाक़िफ़ ही थे, मगर मदन पुरी के इस डायलॉग पर प्रसाद सिनेमा का हॉल इस क़दर सीटियों से गूँज उठता कि न पूछिए।

व्ही.शांताराम की 1950 की फ़िल्म 'दहेज़' में शम्स लखनवी का लिखा एक गाना तो मुमकिन है कि बहुतों ने सुना ही न हो – वो तो बांस बरैली से आया सावन में ब्याहन आया। इस बात पर भी थोड़ी हैरानी ज़रूर होती है कि कटी पतंग वालों की बीयर 'बरेली बोल्ड' के बारे में अब तक किसी शहरी को बात करते नहीं सुना। कंपनी जिसका परिचय इस तरह कराती है – द बोल्ड लागर इज़ अ सेलिब्रेशन ऑफ़ द स्प्रिट ऑफ़ स्मॉल टाउन इंडिया'ज़ कमिंग ऑफ़ ऐज। कॉन्फ़िडेंट। स्ट्राँग। मुँह खोल।

और हाँ, 'आगरे से घाघरो मंगा रसिया ...' वाला गाना भी तो बहुत मक़बूल हुआ, पर किसी अकबराबादी को घाघरे पर ऐसा नाज़ करते हुए नहीं देखा-सुना।

रुहानी सुरों का मरकज़

बिहारीपुर ढाल से उतरकर ख़्वाजा कुतुब की तंग गलियों से गुज़रने के बाद पुराने पेड़ों के झुरमुट के बीच जिस खुली जगह में बैठकर शहर के लोग वी.जी.जोग, रहीम फ़हीमुद्दीन डागर, ज़हीरूद्दीन डागर, ग़ुलाम मुस्तफ़ा ख़ान, अमजद अली ख़ान, विजय किचलू, राशिद ख़ान, वजाहत हुसैन ख़ान सरीखे उस्तादों की उंगलियों और स्वरों के जादू को महसूस करते आए, बिरजू महाराज, रानी वेंकटरमन, रानी ख़ानम के पाँवों

की लय पर मोहित होते, वह ख़ानक़ाह-ए-नियाज़िया का परिसर है। अस्सी और नब्बे के दशक में शास्त्रीय संगीत के क़द्रदानों की रातें अक्सर यहीं गुज़रती थीं। कितने ही शोहरतयाफ़्ता फ़नकार इस दरगाह के मुरीद हैं और यहाँ हाज़िरी देकर अपने फ़न का मुज़ाहिरा करने को अपनी ख़ुशक़िस्मती मानते आए हैं।

मूसिक़ी की इस महफ़िल में शरीक होने का खुला दावतनामा शहर भर को होता अलबत्ता जगह इतनी ही बड़ी है कि डेढ़-दो सौ लोग बैठ सकें। दरगाह के मुन्तज़िम शब्बू मियाँ नियाज़ी अलबत्ता मूसिक़ी के कुछ क़द्रदानों को अपनी तरफ़ से न्योता भेजकर बुलवा लिया करते थे।

मुझे याद है कि सन् 2000 में स्पिकमैके के बुलावे पर उस्ताद बिस्मिल्लाह ख़ान जब बरेली आए तो रिक्शे में बैठकर ख़ानक़ाह आए थे। तब उन्होंने बताया था कि क़रीब तीस बरस बाद आए हैं। छुटपन में वह मामू के साथ आया करते थे और अपने सीखे हुए को वहाँ बैठकर बजाया करते। अपने आख़िरी दिनों में ख़ानक़ाह में रहने चली आईं मुश्तरी बेगम ने उनके साथ जुगलबंदी की ख़्वाहिश जताई थी। 62 साल की उम्र में ध्रुपद के उस्ताद ज़हीरुद्दीन डागर जब बीमार पड़े और डॉक्टरों ने उनके गुर्दे ख़राब होने की बात बताई तो अपने घर वालों को साथ लेकर रहने के लिए वह ख़ानक़ाह चले आए थे। 7 मई 1994 को यहीं उन्होंने आख़िरी साँस ली। मुश्तरी बेगम भी ज़िंदगी के आख़िरी दिनों में ख़ानक़ाह में ही आकर रही थीं।

कोई दो सदी से और पहले शहर में यह ख़ानक़ाह और सिलसिला-ए-चिश्तिया निज़ामिया क़ाएम करने वाले बुज़ुर्ग हज़रत शाह नियाज़ अहमद बरेलवी की पैदाइश सरहिंद में हुई थी। कहते हैं कि उनके बुज़ुर्ग बुख़ारा के थे और मुल्तान होते हुए सरहिंद आकर आबाद हुए। अपने पीर-ओ-मुर्शिद ख़्वाजा फ़ख़रूद्दीन देहलवी के मशविरे पर अमल करते हुए शाह नियाज़ अहमद बरेली चले आए थे। शाह नियाज़ बे-नियाज़ के नाम से मशहूर हुए बुज़ुर्ग साहिब-ए-दीवान शायर भी थे और ख़ानक़ाहों की महफ़िलों में उनका कलाम अब भी पढ़ा जाता है।

जश्न-ए-चराग़ाँ इस ख़ानक़ाह की एक और ख़ूबसूरत रवायत है, जब हज़ारों अक़ीदतमंद यहाँ पहुँचकर अपनी मन्नतों के चराग़ रौशन करते हैं, कुछ अपनी मन्नतें पूरी होने की तमन्ना लेकर आते हैं तो कुछ मन्नत पूरी हो जाने पर अपने अक़ीदे का

इज़हार करने के लिए चराग़ जलाने आते हैं। अमूमन नवंबर में होने वाले दो दिन के इस जश्न में महबूब-ए-सुब्हानी और महबूब-ए-इलाही के कुल की रस्म भी होती है, और तमाम कव्वालों की महफ़िलें सजती हैं।

थियेटर की रवायत

कला की तमाम विधाओं को लेकर युवाओं की सारी दिलचस्पी आमतौर पर कॉलेज तक ही सीमित लगती है। चित्रकला, मूर्तिकला, गायन-वादन को बहुधा वे विषय की तरह पढ़ते हैं और मार्कशीट में नंबर दर्ज भर हो जाने से संतुष्ट हो जाते हैं। विद्वजनों से मैं अक्सर यह सवाल पूछ बैठता हूँ कि पढ़ाई करने वाले ये लोग चले कहाँ जाते हैं, किसी शऊर के कार्यक्रम में ढंग से दाद देने वाले शहर में क्यों नहीं मिलते, उनके सौंदर्यबोध की कोई झलक दिखाई क्यों नहीं देती? पर इन सवालों का कोई जवाब नहीं मिलता। शहर को कोई सांस्कृतिक पहचान विरासत में तो नहीं मिली मगर इसे गढ़ने की कोशिशें भी रस्मी क़िस्म की कवायदों से आगे जाती नहीं लगती हैं।

रंगकर्म अलबत्ता अकेला अपवाद है। रंगकर्म से वाबस्ता लोगों के तीन ख़ेमे थे मगर अपनी-अपनी तरह से वे सारे ही सक्रिय रहते। आईज़टनगर ख़ेमे के कलाकारों का मशहूर दल हुआ करता था – लिटिल हार्ट थिएटर ग्रुप, जो जयंत कुमार भद्रा चलाते थे। वह आईडब्ल्यूपी में मैनेजर थे और अपने ग्रुप के नाट्य-निर्देशक भी। आईवीआरआई में फ़ोटो सेक्शन के इंचार्ज आई.सी. मधुप, एनईआर वर्कशॉप में इंजीनियर देवेश अत्रेय, सेंट्रल जेल के जेलर कैप्टन हरीश आर्य के साथ ही अखिलेश, सुरभि गोस्वामी, साधना श्रीवास्तव, महमूद अली ख़ान और लाजर सैमुअल इस ग्रुप का हिस्सा थे,और रोड नंबर चार पर रेलवे के मनोरंजन सदन का मंच उनकी कर्मभूमि हुआ करता। उनके नाटकों के दर्शक ज़्यादातर उस इलाक़े में आबाद लोग ही होते। उन दिनों भारतीय जन नाट्य संघ (इप्टा) के सचिव निरंकार ओबरॉय और संयुक्त सचिव महबूब आलम थे और वैचारिकी के हवाले से जनपक्षधरता उनके नाटकों का केंद्रीय तत्त्व होता।

तीसरा ख़ेमा ज़िला कल्चरल एसोसिएशन से जुड़े रंगकर्मियों का था, जिनके सरपरस्त मरहूम जे.सी.पालीवाल थे। पालीवाल साहब यों तो रेलवे की मुलाज़मत करते थे, मगर ज़िला कल्चरल एसोसिएशन के मार्फ़त कुछ दशकों तक थियेटर की

दुनिया में वह ख़ूब सक्रिय रहे। हर साल राष्ट्रीय दिवस के कम से कम तीन मौक़ों पर संजय कम्युनिटी हॉल में वह नाट्य समारोह ज़रूर कराते और यह शहर के साथ ही बाहर के रंगकर्मियों का काम देखने का मौक़ा भी होता।

जे. सी. पालीवाल के साथ ही राकेश श्रीवास्तव, निरंकार ओबराय, अंबुज कुकरेती, रंजीत वालिया, संजय सक्सेना, राजेंद्र घिल्डियाल कुछ ऐसे नाम हैं, जिनकी सक्रियता से शहर में रंगकर्म की शिनाख़्त होती आई। इंडियन पीपुल्स थियेटर एसोसिएशन (इप्टा), यात्रा, नक्षत्र, नीलाभ रंगमंडल, नाग नाट्य मंडल, मयंक नाट्य संस्था और नटराज समेत कुछ और रंग संस्थाएं भी सक्रिय रहीं, मगर चूंकि ज़्यादातर रंगकर्मी शौक़िया थे, इसलिए उनके काम में कोई निरतंरता नहीं थी और न ही उनका थियेटर बहुत व्यवस्थित था। प्रसंगवश, यह भी कि डॉ.ब्रजेश्वर सिंह को उत्तर प्रदेश संगीत नाटक अकादमी अवॉर्ड शहर को रंगकर्म के क्षेत्र में मिला पहला अकादमी पुरस्कार है।

ऐसे में क़रीब डेढ़ दशक पहले रंग विनायक रंगमंडल और बाद में विंडरमेयर स्टुडियो थियेटर वजूद में आया। शहर के सांस्कृतिक परिदृश्य पर यह ऐसी घटना थी, जिसने शहरियों को न केवल पेशेवर थियेटर से परिचित कराया बल्कि रंगकर्म की दुनिया में शहर का नाम राष्ट्रीय फ़लक तक पहुँचा दिया। और यह उपलब्धि शहर के सर्जन डॉ.ब्रजेश्वर सिंह के सपनों और साधना का नतीजा है। दिन भर मरीज़ों से घिरे रहने और फिर देर रात तक ऑपरेशन थियेटर में बने रहने वाले डॉ.ब्रजेश्वर के लिए थियेटर जुनून है। उनके इस जुनून और उसे पूरा करने की धुन ने शहर को सचमुच का थियेटर दिया, नाटकों को गंभीरता से देखने-समझने के मौक़े और सराहने का शऊर भी दिया।

विंडरमेयर हर साल जनवरी में कई दिनों तक चलने वाला रंग उत्सव आयोजित करता है, पिछले साल से साहित्यिक विमर्श भी इसमें शामिल हुआ है।

यों साहित्यकारों के साथ विमर्श का एक आयोजन अलग से भी होता है। रंगमंडल के नाटकों के मंचन के साथ ही देश भर के नाट्य दल प्रदर्शन के लिए पूरे साल यहाँ जुटते हैं। इस रंग उत्सव के स्वरूप का अंदाज़ इस बात से लगा सकते हैं कि रंजीत कपूर, उषा गांगुली, सुनील शानबाग, नीलम मान सिंह, अनुराधा कपूर, सुरेश शर्मा, अश्वथ भट्ट, अभिषेक मजूमदार, ज्योति डोगरा, मकरंद देशपांडे, मानव कौल,

समीप सिंह, अनुभा फ़तेहपुरिया, प्रवीण शेखर, सुधीर रिखारी, सुशील शर्मा और देवेंद्र अहिरवार सरीखे प्रयोगधर्मी निर्देशकों के साथ ही रोहिणी हट्टंगड़ी, कुलभूषण खरबंदा, चेतना जालान, वीरेंद्र सक्सेना, सुधीर पांडे, रघुवीर यादव, कुमुद मिश्रा, हेमा सिंह, मल्लिका प्रसाद, रेवती, दानिश हुसैन, घनश्याम लालसा, अनामिका तिवारी, सीमा विश्वास, वर्जिनिया रोड्रिग्ज़, गोपाल दत्त और गंभीर रंगकर्म से वाबस्ता नई-पुरानी पीढ़ी के जितने नाम आप याद कर सकें, वे सभी विंडरमेयर के मंच पर प्रदर्शन कर चुके हैं।

रंग विनायक रंगमंडल के अपने नाटक भी हैं – मिस गुलाब जान, जसमा ओड़न, अवेकनिंग्ज़, ज़िंदगी ज़रा सी है, पलादीन, ज़िन्क्स ऑरेंजेज़, द हाउण्ड ऑफ़ बास्करविल्स, मैकबेथ, दयाशंकर की डायरी, दिल्लगी, त्रास और भी कई। इन नाटकों का मंचन इलाहाबाद, लखनऊ, पटना, भोपाल, धारवाड़, उदयपुर और बेंगलुरु में होता रहा है।

प्रो. पुरुषोत्तम अग्रवाल, मृदुला गर्ग, सुमन केशरी, ख़ालिद जावेद, किरण सिंह, मानव कौल, बाबुषा कोहली, विभांशु वैभव, नवीन चौधरी और अमितेश कुमार सहित पुरानी और नई पीढ़ी के हिंदी-उर्दू अदब की दुनिया के मारूफ़ अदीबों से शहर के लोगों को मिलने-बात करने और उनका नज़रिया जानने का मौक़ा विंडरमेयर के ज़रिए मिलता रहा है।

श्री राममूर्ति स्मारक ट्रस्ट का एसआरएमएस रिद्धिमा सरीखा केंद्र बनना और वहाँ नाटकों के मंचन का सिलसिला दरअसल विंडरमेयर की ऐसी सक्रियता का नतीजा ही हैं। खैरागढ़ विश्वविद्यालय से संबद्ध इस केंद्र में नृत्य, संगीत, रंगकर्म और ललित कलाओं में प्रशिक्षण दिया जाता है। देखादेखी और भी दो-तीन नाट्य उत्सव होने लगे हैं, मगर वहाँ नाटकों के मंचन के लिए न तो ढंग की जगह है और न ही क़ायदे के नाटकों के लिए माहौल।

6. नई तहज़ीब के आबाद बयाबानों से

धर्मपाल गुप्त 'शलभ' हैरान होते थे कि आज के साहित्यिक बियाबान में रचनाकारों का एक छोटा-सा शहर भी था, वो कहाँ गया! इस सन्नाटे पर उनकी हैरानी वाजिब ही थी। तहज़ीब-ओ-अदब के लिहाज़ से यह कोई बहुत पुरअसर जगह नहीं रही, हालाँकि एक दौर में शहर ने अदीबों से मुहब्बत का गहरा रिश्ता बनाए रखा था, उनकी सोहबतों की ख़ातिर लोग तमाम जतन भी करते रहे। ख़ासतौर पर कवि और कविताओं से अनुराग रखने वाला शहरियों का एक बड़ा तबक़ा हुआ करता था।

और गुज़रे ज़माने में तो हिंदी और उर्दू दोनों ही ज़बानों में लिखने वाले लोग हुए – किशन लाल 'साक़िब', नारायण दास टंडन 'दया' बरेलवी, माता प्रसाद अस्थाना 'ज़ेब', प्रेमशंकर 'समर', श्योराज बहादुर 'फ़लसफ़ी', प्रताप चंद्र 'आज़ाद', होरीलाल शर्मा 'नीरव', विशेश्वर प्रसाद 'बेताब', मनमोहन लाल माथुर 'शमीम बरेलवी', अनवर चुग़ताई, शाममोहन लाल 'जिगर', रामजी शरण सक्सेना, निरंकार देव सेवक, ज्ञानवती सक्सेना, रघुनाथ सहाय 'वफ़ा' और किशन सरोज ऐसे ही कुछ नाम हैं, जो स्थानीय स्तर पर ख़ूब सक्रिय रहे।

टाउन हॉल और मोती पार्क में अक्सर छोटे-छोटे कवि-सम्मेलन होते, जिनमें स्थानीय रचनाकार शिरकत करते और लोग उन्हें सुनने के लिए जुटते। कई ऐसी संस्थाएं यहाँ सक्रिय रहीं जो देश भर से नामचीन और नवोदित साहित्यकारों को बुलाती रहती थीं। 'हिंदी प्रचारिणी सभा', 'आलोक', 'परिक्रमा' और 'अदबी दायरा' समेत कई और संस्थाएं साहित्यिक माहौल बनाने में जुटी रहतीं मगर सैटर-डे क्लब के आदाब कुछ निराले थे और इसे ख़ालिस बौद्धिक ख़ुराक वाले ठिकाने के तौर पर पहचाना जाता। शहरियों को राहुल सांकृत्यायन, रामधारी सिंह दिनकर, माखनलाल चतुर्वेदी, सूर्यकांत त्रिपाठी निराला, फ़िराक़ गोरखपुरी, हरिवंश राय बच्चन, सागर निज़ामी, यशपाल, राम कुमार वर्मा, मजाज़ लखनवी और राही मासूम रज़ा जैसे साहित्यकारों को क़रीब से जानने-सुनने का मौक़ा इन संस्थाओं की बदौलत ही मिलता रहा।

बाद के वर्षों में यह बौद्धिक गहमागहमी मद्धिम होती गई और इसकी जगह शोहरत पाने की हड़बड़ी और तिकड़मों ने ले ली। कवि सम्मेलनों और मुशायरों की धूम मच गई। यों शहर भर में ऐसे आयोजन होते ही रहते थे, मगर कलेक्ट्रेट और चुंगी दफ़्तर की कर्मचारी यूनियनों के सौजन्य से होने वाले दोनों सालाना जलसों का लोगों को बेसब्री से इंतज़ार रहता – एक दिन मंच पर उस दौर के तमाम मशहूर कवियों का जुटान रहता और अगले रोज़ शायरों का। देर शाम से शुरू होकर बज़्मे-ए-साम'ईन सुबह ढाई-तीन बजे तक सरगर्म रहती। मंच के सामने 'डी' में अक्सर ऐसे लोग भी जमा मिलते, जो पहला मिसरा पूरा होने से भी पहले दाद देने के लिए उचककर खड़े हो जाते। पेशेवर लगने वाले ये 'चीयरबॉयज़' ज़ाहिर है कि लोकल कवियों-शायरों के हमदम ही होते और उनकी 'ड्यूटी' में दाद देने के साथ ही कुछ को उखाड़ना भी शामिल रहता। और यह सारा उद्यम तब था, जब अदब के प्रतिष्ठित रचनाकार मंच ख़ाली कर चुके थे, और 'मंच के कवि/ शायर' के तौर पर अलग पहचान रखने वाले रचनाकार सक्रिय हो चुके थे।

मुझे याद है कि चुंगी दफ़्तर के परिसर में हुए कवि-सम्मेलन में गोपालदास नीरज ने एक बार 'कारवाँ गुज़र गया …' सुनाना शुरू ही किया था कि हूटिंग शुरू हो गई। और इस क़दर हुई कि एकाध और रचनाएं सुनाकर वह मसनद पर टिक गए और 'कॉफ़ी' का अपना मग उठा लिया। तजुर्बेकार जानते हैं कि उस मग में कॉफ़ी नहीं होती थी। ख़ैर, एक और कवि के बाद माइक पर आए हास्य कवि ने उनके इसी गीत पर लिखी अपनी पैरोडी सुनाई और किलकारियों और करतल ध्वनि के बीच माइक से विदा हुआ। ऐसा ही एक और वाक़या याद आता है, जब संजय कम्युनिटी हॉल में हुए 'अमर' के मुशायरे में अंजुम रहबर 'छुक छुक रेल चली है जीवन की …' पढ़ (गा) रही थीं। चूंकि वहाँ 'डी' जैसा कुछ नहीं था तो 'चीयरबॉय' अलग-अलग कोनों की कुर्सियों पर थे। उनकी दाद हॉल में हंगामे की तरह गूंजती रही और वे बार-बार इसी गीत को सुनने की फ़रमाइश करते रहे। आजिज़ आकर संयोजक को पंद्रह मिनट के ब्रेक की घोषणा करनी पड़ी। ऐसी महफ़िलों के हासिल की चर्चा तमाम अड्डों पर कई रोज़ तक हवाओं में गूंजती रहती।

एक बार संजय कम्युनिटी हॉल के पास से गुज़रते हुए दीवारों पर कुछ पोस्टर लगे हुए देखे। इंटरनेशनल इन्टेलेक्चुअल पीस एकेडमी के किसी आयोजन की सूचना

के साथ ही उस पर बड़े अक्षरों में डॉ.आसिफ़ बरेलवी का नाम भी दर्ज था। उपाधि के साथ ही उनके रेडियो-टीवी शायर होने की इत्तिला भी पोस्टर में थी। डॉ.आसिफ़ महकम-ए-जंगलात में प्रशासनिक अधिकारी हुआ करते थे और शायरी भी किया करते थे। अख़बारनवीस होने के नाते जब-तब उनसे मुलाक़ात हो जाती थी, मगर अदब के दायरे में उनकी सक्रियता को लेकर हम लोगों की कुछ जिज्ञासाओं के जवाब कभी नहीं मिल पाए। मसलन, नाम के साथ डॉक्टर की उपाधि तो ठीक मगर पोस्टर, लेटरहेड या उनके नाम की तख़्ती पर भी 'डी.लिट्, कैलिफ़ोर्निया, अमरीका' अनिवार्य रूप से क्यों छपा होता था?

वसीम बरेलवी के दोहा, क़तर या शिकागो जाने की ख़बर छपने के दो-तीन दिनों में ही उनके किसी और शहर या सूबे में मुशायरे पढ़ने जाने की सूचना को अगर संयोग मान लिया जाए तो फिर अवॉर्ड पाने की ख़बरों के साथ ऐसी ही सूचनाओं की आवृत्ति को भी संयोग ही मानना पड़ेगा। उनका क़लाम सुनने का मौक़ा कभी मिला नहीं, पर राष्ट्रपति एपीजे अब्दुल क़लाम या शंकर दयाल शर्मा को अपनी किताब भेंट करने या अवार्ड देते हुए किसी राजदूत के साथ उनकी तस्वीर और विज्ञप्ति छपने के लिए अक्सर दफ़्तर आ जाती थी।

उन दिनों 'सेल्फ़ पब्लिशिंग' आज की तरह इतनी उन्नत नहीं हुई थी कि मज्मू'आ छपाने के दाम अपनी गाँठ से लगाने के बाद भी किसी को इसकी ख़बर ही न हो। प्रकाशक का नाम देखने से भी पहले किताब की शक्ल-ओ-सूरत सब कुछ बयां कर देती थी। और यक़ीन जानें, उस दौर के पढ़ने वाले जाने किस मिट्टी के बने थे कि अगर उन्होंने ताड़ लिया कि किताब छपने की सारी हिकमत लेखक की ही है तो उसे 'अभिनंदन ग्रंथ' से ज़्यादा तवज्जो नहीं देते थे, और न ही बहुत गंभीरता से लेते थे। आमतौर पर ऐसी किताबें धमक पैदा करने और बायोडाटा में दर्ज करने के काम की होकर रह जातीं। यों बायोडाटा में अमेरिकन बायोग्राफ़िकल इंस्टीट्यूट या फिर इंटरनेशनल बायोग्राफ़िकल सेंटर से 'मैन ऑफ़ द ईयर' का ख़िताब पाने या उनकी डायरेक्टरी में दर्ज होने का संदर्भ चलन में आ चुका था। इसके लिए दो-ढाई सौ डॉलर देने पड़ते थे, मगर यह बात पोशीदा ही रखी जाती थी।

ऐसे तमाम लिखने वाले हुए, जिनकी तीन-चार किताबें छप जाने के बाद भी शहरियों को ख़बर तभी होती, जब वे ख़ुद उनका ज़िक्र करते या फिर घर या रास्ते में

कहीं मिल जाने पर स्कूटर की डिकी से निकालकर मुलाक़ाती के नाम के साथ सप्रेम/सादर लिखकर भेंट करते। इस बिरादरी में दो-एक तो ऐसे भी थे जो, यह यक़ीन करने के लिए कि आपने किताब पढ़ी या नहीं, लिखकर आपकी राय जानने की ज़िद करते। पर्यावरण संरक्षण के लिए आयद होने वाले क़ानूनों में अगर काग़ज़ के नाजाएज़ इस्तेमाल को भी जुर्म माना गया होता तो ऐसे लोगों को पक्के तौर पर मुल्ज़िम क़रार दिया जाता।

मिर्ज़ा ग़ालिब के सफ़र के रास्ते में बरेली कभी नहीं आया, सो वे यहाँ कभी आए नहीं अलबत्ता उनके ख़तों में ज़िक्र-ए-बरेली ज़रूर आता है। सन् 1865 में जब वह दूसरी बार रामपुर आए तो उन्हें बरेली आने का न्योता भी मिला। इसके जवाब में क़ाज़ी अब्दुल जमील 'जुनून' को लिखकर उन्होंने नहीं आ पाने की अपनी लाचारी का इज़हार किया।

सन् 1854 से 1866 तक लिखे गए ग़ालिब के तीस ख़त पढ़ने के बाद यह अंदाज़ हो जाता है कि वह क़ाज़ी अब्दुल जमील के उस्ताद तो थे ही, दोस्त भी थे, और उनकी इज़्ज़त भी बहुत करते थे। 'दस्तंबू' (फ़ारसी में फूलों का गुच्छा) नाम से ग़ालिब की डायरी का दूसरा संस्करण क़ाज़ी साहब की निगरानी में बरेली से ही छपा था।

एच.आर. नेविल के बरेली गज़ेटियर (1911) में एक दिलचस्प बात का उल्लेख है – ऐसा मालूम होता है कि अठारहवीं सदी से पहले बरेली या इस ज़िले में कोई प्रतिष्ठित साहित्यकार नहीं हुआ। पहला उल्लेखनीय नाम शेख़ क़ुदरत-उल्लाह सिद्दीक़ी का मिलता है, जो शेरगढ़ के पास मवई के रहने वाले थे और जिन्होंने काइनात के वजूद में आने से लेकर 1779 तक का इतिहास 'जाम-ए-जहाँ' के नाम से फ़ारसी ज़बान लिखा था।

लिखने-पढ़ने से वाबस्ता लोग यह बताकर बड़ा संतोष पाते हैं कि इस्मत चुगताई हमारे यहाँ इस्लामियां इंटर कॉलेज की पहली प्रिंसिपल थीं। यों हिंदुस्तानी अदब की दुनिया में प्रतिष्ठा पाने वाले बरेलवी उंगलियों पर गिने जा सकते हैं। बहुत बाद के बरेली में भी वैसी चेतना, पहल और उत्साह का वैसा माहौल कभी रहा नहीं, जैसा कि बनारस, इलाहाबाद या लखनऊ जैसे शहरों में हुआ करता था। थोड़े से अपवाद ज़रूर हैं, वरना जो पैदाइशी बरेली के थे, उन्होंने बाहर निकलकर दुनिया में अपनी पहचान

बनाई और जिन्होंने बरेली को पहचान दी, वे बाहर से आकर यहाँ आबाद हुए।

धीरेंद्र वर्मा, ख़दीजा मस्तूर, हनीफ़ कैफ़ी, शहरयार, के.पी.सक्सेना, ख़ालिद जावेद सरीखे क़लमकारों की जन्मभूमि बरेली ज़रूर है मगर उनकी शोहरतें शहर छोड़ने के बाद की हैं। डॉ.वीरेन डंगवाल बरेली कॉलेज में अपनी नौकरी के चलते बरेली के हो गए और सुधीर विद्यार्थी ने नौकरी से छुटकारा पाने के बाद यहाँ बसने का इरादा किया। लघुकथा आंदोलन में रचनात्मक भागीदारी के लिए पहचाने गए सुकेश साहनी भी भू-गर्भ जल महकमे की नौकरी करते हुए यहाँ आ पहुंचे। अपवाद वाली फ़ेहरिस्त में हम पंडित राधेश्याम कथावाचक, निरंकार देव सेवक, प्रो.वसीम बरेलवी, प्रो.ख़ालिद जावेद और किशन सरोज सरीखे रचनाकारों को शामिल कर सकते हैं। पंडित राधेश्याम से मिल पाने का सौभाग्य मुझे हासिल नहीं हुआ, पर बाक़ी के रचनाकारों को क़रीब से देखने-जानने का मौक़ा ज़रूर मिला है।

किताबों की सिमटती दुनिया

किसी शहर में अदबी माहौल बनाने के लिए लाइब्रेरी और किताबों की दुकानों की ज़रूरत होती ही है और बरेली में इसकी कमी हमेशा से रही है। गुज़रे ज़माने के कुतुबख़ाने की किताबें मैंने देखी नहीं और गवर्नमेंट लाइब्रेरी के सिवाय कोई और सार्वजनिक लाइब्रेरी यहाँ नहीं है। और वहाँ की सदस्यता लेने का तरीक़ा ही इस क़दर सरकारी है कि हर किसी के लिए मुमकिन नहीं। तिजारती मिज़ाज वाले शहरियों को किताबें बहुत भरोसे का धंधा लगती भी नहीं हैं। बी.आई.बाज़ार में गुज़रे ज़माने का लंदन बुक डिपो अब भी है। इस दुकान के बोर्ड पर सबसे ऊपर अंग्रेज़ी में 1933 में स्थापित भी लिखा हुआ मिलता है। नहीं मिलती हैं तो बस किताबें। चूंकि ज़्यादातर कैंट वाले ही वहाँ जाते हैं, तो अच्छे दिनों में भी वहाँ अंग्रेज़ी के रोमांटिक और जासूसी उपन्यासों के साथ कॉफ़ी टेबिल बुक और पत्रिकाएं ही बहुतायत में हुआ करती थीं। हिंदी किताबों को वहाँ बहुत तवज्जो नहीं दी जाती थी। लोग वहाँ से फ़ौजियों की वर्दी पर टाँके जाने वाली तमाम तरह की चीज़ें, नेम प्लेट, शील्ड, तमग़े और स्टेशनरी का सामान ही ज़्यादा ख़रीदते हैं।

अस्सी के दशक में अयूब ख़ाँ चौराहे पर शुरू हुआ सिंडिकेट बुक हाउस ज़रूर

चालीस सालों तक पढ़ने-पढ़ानों वालों की अकेली उम्मीद बना रहा तो इसकी वजह दुकान चलाने वाले वर्मा दंपति रहे, जो ख़ुद भी किताबों की सोहबत पसंद करते थे। इस दुकान के मालिक आर.जी.वर्मा ने सिंडिकेट में कई मोढ़े सिर्फ़ इसलिए रखे ताकि लोग इत्मीनान से बैठकर किताबें पलट सकें, पढ़कर देख सकें, मन हो तो ख़रीदें वर्ना बाक़ी की किताब फिर कभी आकर पढ़ लें। किताबों से लगाव रखने वालों के वह ख़ासे मददगार थे, इसका मुझे ज़ाती तजुर्बा भी है।

एक बार मैंने उनसे लंदन से छपी फोटोग्राफ़ी की पत्रिका 'यू एण्ड युअर कैमरा' के बारे में पूछा। उनके पास नहीं थी मगर उन्होंने वायदा किया कि पता करके बताएंगे। कुछ दिनों बाद उनके पास गया तो उन्होंने बताया कि पत्रिका के 96 वॉल्यूम हैं और क़ीमत पांच हज़ार रुपये है। दिल्ली से मंगा देने का वायदा भी किया। क़ीमत सुनकर मैं इसलिए पस्त पड़ गया कि अख़बार की नौकरी में तब कुल तनख़्वाह 2700 रुपये थी। वर्मा जी ने मेरी मुश्किल भांप ली, कहा कि मैं चाहूँ तो क़ीमत किस्तों में भी दे सकता हूँ। मैंने प्रस्ताव किया कि हर महीने पांच सौ रुपये चुका दिया करूँगा। वर्मा जी ने कहा था, 'नहीं, पांच सौ ज्यादा हो जाएंगे। आप ढाई सौ महीना दे दिया करना।'

यह मरहूम वर्मा जी ही थे, जिन्होंने श्रवण कुमार को फूलों का कारोबार करने के लिए राज़ी किया और अपनी दुकान के बाहर का एक कोना और बिजली का कनेक्शन मुहैया कराया। इस तरह शेरू यानी श्रवण कुमार शहर के पहले फ़्लोरिस्ट बन गए और शहरियों को तोहफ़े में फूल देने के चलन से परिचित कराने वाले पहले शख़्स। वर्मा जी ही थे, जिन्होंने चाँद को क्लासिक पेंटिंग्ज़ के साथ ही कैनवस और रंग लेकर दिए कि वह उन पेंटिग्ज़ की नक़ल तैयार करके सिंडिकेट में रखें और पेंटिंग बिक जाने पर पूरी क़ीमत ख़ुद रख लें, रंग और कैनवस के दाम ज़रूर उन्हें लौटा दें। मंशा यह कि लोगों के घरों की दीवारों पर भड़कीले रंगों वाले पोस्टर के बजाय सुरुचिपूर्ण तस्वीरें हों।

पढ़ने का शऊर सिखाने और आदत डालने के लिए किताबें उधार में देने की दूसरी मिसाल शहर में नहीं मिलती। एक दौर ऐसा भी रहा जब सिंडिकेट बुक हाउस शहरियों के मिलने का ठिकाना बन गया था और आसपास के शहरों से लोग किताबों की ख़ातिर ही बरेली चले आया करते। 2021 में अगस्त की छह तारीख़ को जब सिंडिकेट बुक हाउस आख़िरी बार खुला था, श्रीमती संतोष वर्मा के लिए फूल, मिठाई और मेमेंटो लेकर आने वालों की भीड़ थी, लोग अपने बच्चों को लेकर आए थे और

उनमें से कई तो ऐसे भी थे, जो दुकान छोड़ने के पहले फफक-फफक कर रो पड़े थे।

नब्बे के दशक में बटलर प्लाज़ा में 'एरुडिशन्' नाम से खुली किताबों की दुकान याद अब कम लोगों को ही होगी। यह बात यक़ीन से कहने की वजह यह है कि अगर ऐसा होता तो वह दुकान कुछ महीनों में ही बंद न हो जाती। दुकान के नाम के मुताबिक वहाँ किताबों का संग्रह भी बेहतरीन था। कुछ और किताबों के साथ ही 'तरकश' और 'लस्ट फ़ॉर लाइफ़' की अपनी कॉपी मैंने वहीं से ख़रीदी थी, इसलिए मैं उसे भूल नहीं सकता।

रेलवे स्टेशन के ए.एच.व्हीलर्स के स्टॉल पर अब बिस्कुट, चिप्स, कोल्ड ड्रिंक और सिम कार्ड ख़रीदने के लिए ठहरा जा सकता है, किताबों-रिसालों के दिन कब के लद गए। रोडवेज़ पर पत्रिकाओं और अख़बारों के ठिकाने वीरान दिखाई देते हैं, चौकी चौराहे के जिस कोने पर कभी पत्रिकाएं मिल जाया करती थीं, अब वह कोना भी ख़ाली रहता है।

अर्से बाद कोतवाली के पास सरस्वती सदन में दाख़िल होने पर पाया कि वहाँ हिंदी और अंग्रेज़ी साहित्य की किताबों के लिए एक बड़ा हिस्सा अलग से बन गया था – क्लासिक और पॉपुलर दोनों ही तरह की किताबें। सरस्वती सदन को हम बचपन से ही स्कूली किताबों और स्टेशनरी की जगह जानते आए थे। यह बदलाव गुरु मेहरोत्रा की देन है पर उनका कहना है कि शहरी अमूमन इन किताबों के लिए उनकी दुकान पर नहीं आते और न ही उन्हें देखने के लिए ठहरते हैं। हाँ, फ़ौज और एयरफ़ोर्स के कुछ शौक़ीन ज़रूर हैं, जो अपनी पसंद की किताबें ख़रीदने के बाद शुक्रिया भी कहकर जाते हैं।

निदा फ़ाज़ली ने कहा कि धूप में निकलो घटाओं में नहा कर देखो/ ज़िंदगी क्या है किताबों को हटा कर देखो। बरेली वालों ने इस बात पर इतना एतिबार किया कि वाकई किताबों को हटाकर ज़िंदगी को समझने में लगे हैं।

रामायण वाले पंडित राधेश्याम

बिहारीपुर ढाल के मोड़ पर सड़क किनारे संगमरमर का वह बड़ा-सा पत्थर स्कूल के दिनों की स्मृति है, जिस पर लिखा हुआ 'पंडित राधेश्याम कथावाचक मार्ग' दूर से ही चमकता था। ऐसा ही एक और पत्थर बीबीजी की मस्जिद के सामने कोने पर लगा था और यही रास्ता उनके घर को जाता था। उनके काम के महत्त्व से बहुत पहले यह

उनके नाम से परिचय था। फिर घर के स्टोर में रखे एक बक्से में बिना ज़िल्द वाले पीले रंग के ढेर सारे पन्ने रखे देखे, जिनमें से कुछ पर एक फ़ोटो के नीचे उनका नाम छपा था और कुछ पर राधेश्याम रामायण। इस रामायण ने उन्हें वह यश और कीर्ति दी, जिस पर किसी को रश्क हो सकता है। हिंदी बोली वाले इलाक़ों में अब भी जहाँ रामलीला होती है, उसका आधार ग्रंथ *राधेश्याम रामायण* ही होती है। और इसकी एक वजह शायद गेयता का इसका गुण है।

न्यू अलबर्ट कंपनी की *रामायण* की स्क्रिप्ट सुधारते वक़्त पंडित राधेश्याम ने शायद सोचा भी न हो कि रामायण से जुड़कर उन्हें ऐसी ख्याति मिलेगी जो समय की सीमाओं के पार हमेशा गूँजती रहेगी। हालाँकि *राधेश्याम रामायण* इसके दस साल बाद अस्तित्व में आई मगर इस घटना ने थियेटर से उनके बचपन के लगाव को साकार करने के साथ ही पारसी थिएटर और उस दौर के नाटकों में बदलाव के एक नए युग की भूमिका भी तय कर दी।

यह वाक़या 1910 का है, जब पंजाब के नानक चंद खत्री की न्यू अलबर्ट कंपनी बरेली आई। बहुत कम उम्र से अपने पिता पंडित बांके लाल के साथ *रुक्मिणी मंगल* की कथा कहते हुए राधेश्याम तब तक अपनी तरह के कथावाचन और पौराणिक आख्यानों पर रचे अपने काव्य के ज़रिए कथावाचक की हैसियत से स्वतंत्र पहचान बना चुके थे। तो एक रोज़ उनके घर पहुंच गए नानक चंद खत्री ने अपनी कंपनी के 'रामायण' नाटक में सुधार का आग्रह किया। बताया कि कंपनी ने जयपुर में नाटक का मंचन किया, तो वहां के महाराज सवाई माधोसिंह ने उसमें कुछ कमियां बताई हैं और उनके सचिव ने पंडित राधेश्याम से सुधरवाने का सुझाव दिया है। पंडित राधेश्याम से कई बार कथा सुन चुके महाराज सवाई माधोसिंह उनकी प्रतिभा से ख़ासे प्रभावित थे। कंपनी जो *रामायण* नाटक खेल रही थी, वह तुलसीदास की चौपाइयों के साथ ही तालिब, उफ़क़ और रामेश्वर भट्ट के लिखे की मिली-जुली स्क्रिप्ट थी। राधेश्याम ने उस स्क्रिप्ट में संशोधन के साथ ही नारद की भूमिका ख़ासतौर पर जोड़ी। नाटक ख़ूब लोकप्रिय हुआ और इसी के साथ पंडित राधेश्याम भी।

राधेश्याम के घर के पास 'चित्रकूट महल' हुआ करता था, जहां शहर में आने वाली नाटक कंपनियों के लोग ठहरते थे। उनकी रिहर्सल के दौरान सुनाई देने वाला गीत-संगीत उन्हें बचपन से ही लुभाता था। उनके पिता की नाटकों में कोई दिलचस्पी

नहीं थी, मगर राग-रागिनियों से ख़ूब वाक़िफ़ थे। राधेश्याम ने हारमोनियम बजाने और गाने का शुरुआती सलीक़ा उन्हीं से सीखा।

नाटकों के प्रति अपने लगाव को वह नशा कहते थे। बरेली आने वाली न्यू अल्फ्रेड कंपनी के नाटकों को देखकर चढ़ा यह नशा तब परवान चढ़ा, जब वह पिता के साथ 'रामचरितमानस' का पाठ करने के लिए महीने भर तक आनंद भवन में रहे। इलाहाबाद में कोरोनेशन कंपनी आई हुई थी और मोतीलाल नेहरू अपने परिवार के साथ ही इन लोगों को भी नाटक दिखाने ले जाते। राधेश्याम कथावाचक पर अपनी किताब में मधुरेश ने लिखा है कि यही वह समय था, जब 'कथा' और 'नाटक' को लेकर राधेश्याम दुविधा में पड़े, लेकिन जल्दी ही उन्होंने दोनों के बीच ऐसा संतुलन बना लिया, जो जीवन भर बना रहा। और रामायण कहने के लिए उन्होंने जो गेय शैली ईजाद की, उनके समय में और बाद में भी कितने ही लोगों के काम आई और तर्ज़ राधेश्याम कहलाई।

वह पारसी थियेटर की धूम का दौर था, आगा हश्र कश्मीरी और नारायण प्रसाद 'बेताब' के ड्रामों का दौर था। नृत्य और संगीत प्रधान इन ड्रामों की ज़बान उर्दू ही हुआ करती थी। ऐसे में जब पंडित राधेश्याम ने न्यू अल्फ्रेड कंपनी के लिए अपना पहला नाटक *वीर अभिमन्यु* लिखा तो डायरेक्टर सोराबजी ओग्रा के उत्साह के बावजूद फ़ाइनल रिहर्सल देखने बैठे कंपनी के मालिक माणिक जी जीवन जी ने सिर पकड़ लिया। उन्हें आशंका थी कि इतनी ज़्यादा हिंदी का नाटक शायद ही देखने वालों के पल्ले पड़े। *वीर अभिमन्यु* को लोगों ने इतना पसंद किया कि बाद में जब राधेश्याम ने कंपनी से इजाज़त लेकर इसे छापा तो इसकी हज़ारों प्रतियाँ बिक गईं। एक सदी बाद अब भी यह नाटक देश भर में खेला जाता है।

वीर अभिमन्यु में हिंदी के संवाद को लेकर माणिक जी की आशंका तो ग़लत निकली, मगर इस नाटक ने पारसी थिएटर में हिंदी की परंपरा की नई नींव डाल दी। उनके लिखे बाद के नाटकों *श्रवण कुमार*, *परम भक्त प्रह्लाद* और *परिवर्तन* को भी ख़ूब सराहना मिली। पंडित राधेश्याम ने जो तेरह नाटक लिखे हैं, उनमें *मशरिक़ी हूर* और *परिवर्तन* को छोड़कर सभी धार्मिक-पौराणिक आख्यानों पर आधारित हैं। और 1926 में *मशरिक़ी हूर* तो यह साबित करने की ख़्वाहिश का नतीजा था कि इस्लामी जीवन दर्शन पर या उर्दू ज़बान में वह भी लिख सकते हैं।

हमारे समय में जब भाषा और धर्म की आड़ में वैमनस्य के भाव का विस्तार ही हुआ है, पंडित राधेश्याम के काम के समग्र मूल्यांकन का महत्त्व और बढ़ जाता है। और यह काम होना अभी बाक़ी है।

तबीयत से बाग़ी बाल कवि सेवक जी

दूर देश से आई तितली चंचल पंख हिलाती ... । यह कविता हमने अपनी स्कूल की किताब में पढ़ी थी। दो-एक बार पढ़ने में ही याद हो जाने वाली यह कविता लिखने वाले निरंकार देव सेवक बरेली में ही रहते हैं यह तो बहुत बाद में, अख़बार की नौकरी में आने के बाद जाना। उन दिनों वह *अमर उजाला* की संपादकीय टिप्पणी लिखा करते थे, तो अक्सर दफ़्तर आ जाते थे। लिखते हुए उनकी क़लम जब रुकती, तो पतलून की जेब से दो डिबिया बाहर निकालते, पान मसाला और सादी पत्ती का मिश्रण फाँककर मेरी तरफ़ भी बढ़ा देते। शुरू में संकोचवश मैं मना कर देता, फिर उनके स्नेहिल व्यवहार का असर यह हुआ कि कई बार मैं उनसे फ़रमाइश भी कर बैठता। दफ़्तर में तो नहीं, पर जेल रोड के उनके घर पर होने वाली बैठकी में उन्हें सुनते हुए मन कभी नहीं भरता था। उनके सरीखा शांत, सरल, चेतना संपन्न, प्रगतिशील और स्पष्टवादी शख़्स मैंने दूसरा नहीं देखा।

बच्चों के लिए लिखी उनकी कविताएं इतनी लोकप्रिय हुईं कि यही उनकी पहचान बन गई, वरना पेशे से वकील सेवक जी ने बड़ों के लिए भी ख़ूब लिखा है, कविता और गीत लिखे हैं, ग़ज़लें लिखी हैं, यात्रा संस्मरण और लेख लिखे हैं। एम.एन.राय के मानववाद में उनका गहरा यक़ीन था। *चिंगारी* के नाम से छपा उनका कविता संग्रह उनकी बाग़ी शख़्सियत का बयान है। हरिवंश राय बच्चन इस संग्रह की कविताओं को प्रगतिशील कविता आंदोलन में अहम मानते थे। बच्चन जी की उनसे आत्मीयता और सेवक जी के साहित्यिक अवदान के बारे में उनके नज़रिए का अंदाज़ *बच्चन के पत्र सेवक के नाम* पढ़ते हुए लगाया जा सकता है। सैटरडे क्लब के साथ ही शहर की दूसरी साहित्यिक गतिविधियों में भी वह सक्रिय रहते, बाबू रामजी शरण सक्सेना से उनकी गहरी दोस्ती थी तो यहाँ जुटने वाली महफ़िलों में शरीक होते ही थे।

बरेली छोड़कर जाने से उनसे मिलने गया तो उन दिनों वह पौराणिक आख्यानों और नीति-कथाओं के पुनर्सृजन के काम में जुटे हुए थे। वह मानते थे कि ऐसी कथाओं

को ज़्यादा तार्किक और ग्राह्य बनाने के लिए उन्हें नए सिरे से लिखा जाना ज़रूरी है ताकि बच्चों को वे कथाएं अपने परिवेश की मालूम हों, व्यावहारिक लगें। दो-तीन कहानियाँ उन्होंने सुनाई भी थीं।

वीरेन डंगवालः संजीदा क़िस्म के खिलंदड़े इंसान

किसी के लिए वह वीरेन दा थे, तो किसी के लिए डंगवाल साहब, कुछ के लिए वीरेन भी और अनिल यादव बहुत दुलार से उन्हें डॉ. डैंग कहा करते। अख़बार में नौकरी के चलते मुझे सबसे ज़्यादा सोहबत डंगवाल जी की मिली और इस सोहबत का सिला शऊर के बेशुमार पाठ हैं। उन दिनों वह *अमर उजाला* के रविवारीय परिशिष्ट के संपादक थे, बरेली कॉलेज में हिंदी पढ़ाते थे और कवि के तौर पर पहले ही स्थापित हो चुके थे। मेरी पहली मुलाक़ात उनसे तब हुई, जब मंडी हाउस में 'हम लोग' सीरियल के कलाकारों से मिलकर लौटने के बाद मैंने एक रिपोर्ताज और सीमा भार्गव यानी बड़की का इंटरव्यू लिखकर *अमर उजाला* के उप-संपादक गोपाल विनोदी को दिखाया था। उन्होंने ही मुझे वह सब डंगवाल जी को देने का सुझाव दिया। उस पहली मुलाक़ात में ही उनकी बेतकल्लुफ़ी और बेलौसपन इतना मुतआसिर करने वाला था कि ताउम्र का रिश्ता बन गया।

एक बार मैंने उनको एक तस्वीर दिखाई, दो पैरों पर खड़े होकर लड़ते हुए गधों की तस्वीर। अक्सर मेरी तस्वीरों में पतझड़ के रूखे पेड़ की मौजूदगी पाकर वह झल्ला जाते थे, गधों को लड़ता हुआ देखकर मुस्करा दिए। वह तस्वीर अपने पास रख ली और सुझाया कि गधों के अलग-अलग मूड की कुछ और तस्वीरें लाकर दूँ। तीन-चार हफ़्ते बाद मैंने कुछ तस्वीरें दे दीं तो रविवारीय पन्ने पर उन्होंने एक फ़ोटो फ़ीचर छापा। शीर्षक था – गधों की ज़िंदगी भी ज़िंदगी है और एक लाइन का कैप्शन – बूढ़े, बच्चे, जवान, खिलंदड़े, उदास, बुद्धिजीवी, शरीफ़ और पिटे हुएः गधे हर क़िस्म के होते हैं, बक़ौल प्रभात। इस फ़ोटो फ़ीचर पर तमाम तरह की प्रतिक्रियाएं हुईं, मगर जो याद रह गई वह अख़बार के मालिक-संपादक की थी, जिन्होंने शाम को थोड़े ग़ुस्से के साथ कहा था – लाख रुपये का पन्ना और चौथाई पन्ने में सिर्फ़ गधे!

बेहद मनमौजी, फक्कड़ मिज़ाज कवि और उनके जैसे दोस्तनवाज़ शख़्स को उनके दोस्तों से बेहतर कौन जा सकता है! दोस्तों के पास उनकी हाज़िरजवाबी और

खिलंदड़ेपन के कारनामों की कितनी ही यादें और क़िस्से हैं। भुलक्कड़पने की अपनी छवि का वह ख़ूब मज़ा लेते थे और गाहे-बगाहे उसे मज़बूत करने का ज़रूरी जतन भी करते रहते।

भटनागर कॉलोनी के जिस घर में वह पहले रहते थे, उसके पास ही ज़िला सूचना अधिकारी का दफ़्तर भी था। एक रोज़ रात को उनका फ़ोन आया, 'मेरा स्कूटर चोरी हो गया है। रपट लिखानी होगी।' मुझे याद आया कि शाम को तो मैंने उन्हें स्कूटर से दफ़्तर आते हुए देखा था और कुछ देर पहले तक वह दफ़्तर ही में थे। फिर चोरी कब हो गया? चपरासी को नीचे भेजा तो मालूम हुआ कि उनका स्कूटर दफ़्तर में ही खड़ा है। थोड़ा और दरयाफ़्त करने पर पता चला कि सूचना अधिकारी खजान सिंह किसी काम से दफ़्तर आए थे और लौटते हुए डंगवाल जी को भी अपनी जीप में बैठाकर ले गए थे।

जब कभी वह स्कूटर पर मेरे पीछे बैठे होते तो जज़ेज कॉलोनी वाली सड़क से गुज़रते समय अपने मरहूम दोस्त बलदेव साहनी को याद करना हरगिज़ न भूलते, मुझसे कहते – यार, यहाँ ज़रा दो बार हॉर्न तो बजा देना।

बरेली कॉलेज की 150वीं जयंती के मौक़े पर छपी पत्रिका के वह संपादक थे। पत्रिका के लिए तस्वीरें जुटाने का ज़िम्मा मुझे दे दिया था। एक तस्वीर उन्हें ख़ास तौर पर चाहिए थी – 1861 में बरेली कॉलेज के प्राचार्य रहे हेनरी टेम्पलटन की क़ब्र की तस्वीर। इसकी तलाश का अकेला सूत्र यह था कि क़ब्र कैंट-सदर क़ब्रिस्तान में है। गोरों के उस बड़े क़ब्रिस्तान में चारों तरफ़ इस क़दर झाड़-झंखाड़ था कि किसी एक क़ब्र की तलाश आसान नहीं थी। मैंने उन्हें बताया तो अगले रोज़ वह भी साथ गए। दो दिन खोजने के बाद आख़िरकार वह मिल गई। काँटों में उलझकर मेरी पतलून का सत्यानाश हो गया और सांत्वना के तौर पर दोनों दिन लौटते हुए गेरा की दुकान पर रुककर उन्होंने जलेबी खिलाई थी।

वह तरह-तरह के ज़ाइक़े के क़द्रदान थे और खाने-पीने के ठिकानों की उनकी मालूमात भी ख़ासी हैरान करने वाली थी। लोग संडीला के लड्डू पर फ़िदा रहते थे और उन्हें हरदोई रेलवे स्टेशन पर मिलने वाले समोसे पसंद थे। स्टेशन की आलू-पूड़ी का मज़ा लेने के लिए उनका सफ़र करना भी कोई ज़रूरी नहीं था। फाटक वाले कबाब की ख़ूबियों का बखान ऐसा करते कि सुनने वाले के मुँह में पानी आ जाए। बब्बू भाई

के घर बनने वाली निहारी और खिचड़ा उन्हें बहुत भाता और कबाब के साथ कई परत वाले चौकोर पराठे भी।

यों एकाध बार यह भी हुआ कि उनके क्लास ख़त्म कर लेने के बाद टहलते हुए हम कॉलेज के फाल्तूनगंज वाले गेट की तरफ़ चले आते। बाहर जलजीरे का एक ठेला खड़ा होता था, जो अपने ख़ास ग्राहकों के लिए एक अलग डिब्बे में भांग भी रखता था। गिलास में पहले एक चम्मच बूटी घोलता और फिर जलजीरा। इस गेट से दो चौराहे की दूरी पर दीनानाथ की लस्सी की दुकान है। उनका प्रस्ताव होता कि चलो अब लस्सी पीकर आते हैं। पहली बार तो इसका असर तब समझ में आया, जब शाम होने तक ख़ुद को उड़ता हुआ पाया। दफ़्तर जाने से पहले डॉ.डी.एन.सिंह के दवाख़ाने पर जाकर दवा लेने के बाद थोड़ी राहत मिली थी। बाद में जब भी ऐसा मौक़ा आया तो जलजीरे वाले को याद से ताक़ीद करता कि भाई मुझे तो बख़्श ही देना।

जब वह कानपुर में *अमर उजाला* के संपादक थे, तो एक बार होली के मौक़े पर हम दोनों को साथ ही बरेली लौटना था। लखनऊ तक हम उनकी मोटर से आए। शुक्लागंज में उन्हें छोले की किसी मशहूर दुकान का पता मालूम था। वहाँ रुके। लखनऊ में हम सहारनपुर एक्सप्रेस में सवार हुए तो सामान रखकर वह उतर गए। थोड़ी देर बाद ट्रेन चलने लगी तो दौड़ते हुए चढ़े, अंदर आकर बोले कि बीस रुपये का और नुक़सान हो गया। पूड़ी वाले को दिए थे मगर वह पूड़ियाँ बेल ही रहा था कि कमबख़्त रेलगाड़ी चल पड़ी। हमारे पास जनरल टिकट था और हम थ्री टीयर में थे तो मैंने उन्हें आगाह किया कि बाक़ी भाड़े की रसीद कटाने के लिए अभी टीटीई को भी पैसे देने होंगे। आलू-पूड़ी छूट जाने का उनका मलाल अभी कम नहीं हुआ था। झट से कहा – मैं रिश्वत नहीं देता, मैं एक पैसा नहीं दूँगा।

और दरअसल हुआ भी यही। टीटीई आया तो वह अपनी सिगरेट जलाने जा रहे थे, उससे भी पूछा तो उसने मना कर दिया। मेरी तरफ़ इशारा करके उन्होंने टीटीई से कहा था – ये साहब अख़बार में मुलाज़मत करते हैं। अभी आपके आने से पहले मुझे बता रहे थे कि इस डिब्बे में बैठने के एवज में आपको रिश्वत देनी पड़ेगी। बताइए क्या आप मुझसे रिश्वत लेंगे? वह बेचारा सिटपिटा गया। थोड़ी देर ख़ामोश बैठे रहने के बाद उठकर चला गया। उन्होंने मुस्कराते हुए मुझे देखा और बोले – आप जैसे लोगों ने ही सरकारी नौकरों को बदनाम कर रखा है। देखिए, कितना नेक और शरीफ़ इंसान

था। और फिर दूसरी तरफ़ बैठे आईआईटी के कुछ लड़कों से बतियाने चले गए।

उनसे पहली बार 1983 में मिला था और इतने वर्षों की आत्मीयता में मैंने कभी उनके कवि रूप को रिश्तों पर हावी होते नहीं पाया। उनके साथ होने पर तमाम तरह की बातें होतीं, लोगों और किताबों की बातें, इलाहाबाद और लखनऊ के दिनों के क़िस्से, अख़बारों और अख़बारनवीसी की बातें, कविता के बारे में शायद कभी नहीं। एक स्लाइड ज़रूर उन्होंने यह कहकर मुझसे ले ली थी कि उसे 'दुश्चक्र में सृष्टा' के कवर पर छापेंगे। उस तस्वीर में ढलता हुआ सूरज बिना पत्तों वाली शाखों के जाल में उलझा दिखाई देखा था। वह तस्वीर उनके कविता संग्रह का कवर तो नहीं बनी, मगर मेरे लिए इतना काफ़ी था कि रूखे पेड़ों वाली मेरी कोई तस्वीर आख़िरकार उन्हें अपने काम की लगी तो सही।

प्रो. वसीम बरेलवीः फूटा दरवाज़ा में इक रौशन मीनार

बरेली कॉलेज में मुलाज़मत मिलने और प्रोफ़ेसर कहलाने से बहुत पहले अदब की दुनिया में ज़ाहिद हसन को वसीम बरेलवी के तौर पर शोहरत मिल चुकी थी। तेरह-चौदह साल की उम्र में ही अपनी असाधारण प्रतिभा की वजह से उन्होंने ऐसे शेर कहने शुरू कर दिए थे कि लोगों को आसानी से यक़ीन नहीं होता था। बेहद नेकदिल, मिलनसार, दोस्तनवाज़, बा-जौक़ और ख़ुशमिजाज़ शख़्सियत के मालिक हैं। मुशायरा लूटते तो ख़ैर उन्हें देखा ही जाता है, मगर दोस्तों की महफ़िल लूटने का सलीक़ा भी उन्हें ख़ूब आता है। गुट्टल बरेलवी, किंग बरेलवी, महबूब मुर्ग़ा और ऐसे ही तमाम किरदारों के बेशुमार क़िस्से वह रस लेकर सुनाते हैं और आप घंटों बैठे सुनते रह सकते हैं। और उनकी हाज़िरजवाबी से इसमें और इज़ाफ़ा हो जाता है।

बरेली के मोहल्ला फूटा दरवाज़ा में उनकी ननिहाल है, उनकी पैदाइश और परवरिश यहीं हुई, पढ़ाई-लिखाई और नौकरी सब यहीं रहते हुए चलते रहे और अब भी वो यहीं आबाद हैं। मुशायरों में शिरकत के लिए देश-दुनिया का चक्कर लगा आते हैं, मगर सुकून फूटा दरवाज़ा के अपने घर में लौटकर ही पाते हैं। उनके घर तक पहुंचने का रास्ता अब तक ख़ासा तंग और बहुत भीड़भाड़ वाला हो चुका है, कई बार तो अपनी मोटर तक पहुँचने के लिए उन्हें तंग गलियों और दूसरों के सहन से होकर गुज़रना पड़ता है, फिर भी शहर के किसी और इलाक़े में जाकर बसने के बारे

में उन्होंने कभी नहीं सोचा। कहते हैं कि यह पुरखों का घर है, यहाँ के दरो-दीवार तक मुझे अपनी दुआओं से नवाजते हैं। यहाँ के गली-कूचों का, यहाँ के ज़र्रे-ज़र्रे का कर्ज़ है मुझ पर, अब इन्हें छोड़कर कहाँ जाऊंगा।

पचास बरस पहले 'लिटरेरी सोसाइटी' के उस जलसे में फ़िराक़ गोरखपुरी भी शरीक थे, जिसमें वसीम बरेलवी की ग़ज़लों के संग्रह *आंसू मेरे दामन तेरा* का विमोचन हुआ था। तब ख़ासतौर पर बुलाए गए महेंद्र कपूर ने उनकी दो ग़ज़लें भी गाई थीं। जिन लोगों ने 'जश्ने-वसीम' में शिरकत की थी, उनमें तमाम लोग अभी जीवित हैं और इस बात की तस्दीक़ करते हैं कि 32 साल के नौजवान शायर के नाम पर हुए जलसे की हैरत को छोड़िए, वैसा यादगार जलसा तो शहर में पहले कभी नहीं हुआ और बाद में भी नहीं।

उनके कलाम को कितने ही गायकों की आवाज़ मिली है, जगजीत सिंह के कई रिकॉर्ड में उनकी ग़ज़लें शामिल हैं और ख़ूब मक़बूल भी हुई हैं। बंबइया फ़िल्मों में मगर उन्होंने कभी हाथ नहीं आज़माया। उनसे इसकी वजह पूछी तो बताया कि किसी हमदर्द के इसरार पर ज़माने पहले एक बार वह बंबई (मुंबई) गए थे, हफ़्ता भर ओ.पी.रल्हन के मेहमान रहे। रल्हन ने बंबई आकर रहने की पेशकश की तो वसीम बरेलवी ने बताया कि चूँकि वो पढ़ाते हैं, इसलिए यह मुमकिन नहीं, अलबत्ता जब ज़रूरत होगी, चौबीस घंटे में वो हाज़िर हो जाएंगे। रल्हन का जवाब था कि यहाँ तो बारह घंटे में ही कितना कुछ बदल जाता है। और वो यह सोचते हुए लौट पड़े कि ऐसी दुनिया जिसमें कुछ भी मुस्तक़िल नहीं, वहाँ अपना ठौर कहाँ!

सूफ़ी टोला के सूफ़ी ख़ालिद जावेद

जामिया मिल्लिया इस्लामिया में उर्दू पढ़ाने के लिए बरेली छोड़ने से पहले प्रो. ख़ालिद जावेद बरेली कॉलेज में दर्शनशास्त्र पढ़ाते थे। उन्होंने दर्शनशास्त्र की पढ़ाई तो की है, उनकी फ़िक्र का मौज़ू भी दर्शन ही है। उनकी कहानियों या नॉवेल के पाठक इसकी ताईद ज़रूर करेंगे। तो हमारा दोस्ताना उन्हीं दिनों का है। ग़ैरमामूली लेखक और भारी पढ़ाकू होने के साथ ही वह बेहद विनम्र, शिष्ट और यारबाश शख़्स हैं। हमउम्र हैं, पर शहर को उन्होंने जिस निगाह से देखा है, वह मुझे नहीं मिली।

तो शहर को जानने-समझने में उनकी सोहबत हमेशा ही बड़े काम की साबित

हुई है, कि उनके पास बेशुमार क़िस्से होते हैं, तारीख़ी भी और अवामी भी। समोसा विशेषज्ञ हैं तो शहर भर के एलिट और अवामी ठिकानों के ज़ाइक़ों का विश्लेषण झट हाज़िर कर सकते हैं। हां, एलिट हलवाइयों के समोसे से उन्हें इसलिए परहेज़ है कि वे आलू को मसलने के बजाय काटकर भरते हैं और समोसे में काजू और किशमिश भी डालते हैं।

वह जब बरेली में होते हैं तो मौक़ा निकालकर हम शहर का चक्कर लगाते हैं, नहीं तो साथ बैठकर उन्हें सुनते हैं। अब जैसे कि किराये पर किताब देने वाली जिन दुकानों को हम दुकानदार के नाम से जानते आए, ख़ालिद भाई ने बताया कि उन दुकानों को चवन्नी या अठन्नी लाइब्रेरी कहा जाता था। किराये की दर के चलते उन्हें ये नाम मिले थे। सूफ़ी टोला, बड़ा बाज़ार, गली मनिहारान और शहामतगंज के ऐसे दर्जन भर ठिकाने वह एक साँस में गिना देते हैं।

लोकप्रिय साहित्य यानी मक़बूल-ए-आम अदब के बारे में उनका मानना है कि उस दौर में किताबें पढ़ने का लोगों का शुरुआती रियाज़ 'गोदान' या 'उमराव जान अदा' से नहीं हुआ, कि चवन्नी लाइब्रेरी में 'आग का दरिया' तो मिलने से रहा, वहाँ तो गुलशन नंदा, रानू, मनोज, गुरुदत्त, राजवंश होते थे, या इब्ने सफ़ी, कर्नल रंजीत, बाग़ोबहार, क़िस्सा चार दरवेश, हातिमताई और सिंदबाद के कारनामे पढ़ने को मिलते। हाँ, हिंदी और उर्दू दोनों ज़बानों की किताबें इन जगहों पर मिल जाती थीं। वह कहते हैं – ऐसी किताबों में अदबी साहित्य की तरह की भाषा या विस्तार भले ही नहीं होता था पर वे ज़बान सिखाती थी, भावनाओं का सम्मान करना भी सिखाती थीं। इस बात पर यक़ीन करने के लिए उस दौर की घरेलू औरतों की लिखी हुई चिट्ठियाँ पढ़कर देख सकते हैं। टीवी पर सोप ओपरा की शुरुआत दरअसल पॉपुलर लिटरेटर के ख़त्म होने की भी शुरुआत थी।

7. अख़बारनवीसी के दिन

व्हाट्सएप पर ज्ञान बाँटने की हालिया रवायत पर नाक-भौं सिकोड़ने वालों को याद रखना होगा कि इंटरनेट जब ईजाद भी नहीं हुआ था, यश और प्रसिद्धि की कामना के बग़ैर निष्काम भाव से ज्ञान बाँटने वालों की जमात तब भी कम सक्रिय नहीं थी। अंतर इतना ही है कि प्रसार का दायरा तब इतना व्यापक नहीं था। वे वाचिक ज्ञान हवाओं में और लिखित ज्ञान पोस्टकार्ड और पर्चों की शक्ल में बिखेर दिया करते।

पाकिस्तान के किसी नामालूम शहर से आया बेनाम बंदा तेज़ ज़हर की बोतल लिए शहर की किसी पानी की टंकी पर चढ़ ही रहा होता कि किसी रिक्शा या ठेले वाले की नज़र उस पर पड़ती और मिशन पूरा करने के ऐन पहले कोई उसे दबोचकर पुलिस के हवाले कर देता। बिना शक्ल-ओ-सूरत वाला वह शख़्स लोगों में इस क़दर ख़ौफ़ पैदा कर देता कि जिन घरों में टोंटियों से पानी आता था, टोंटी खोलते हुए उनके हाथ काँपते। और हैंडपंप के भरोसे जीने वाली बड़ी आबादी नाटकीय अंदाज़ में यह क़िस्सा दोहराती जाती।

गणपति प्रतिमाओं के दूध पीने की ख़बरों से लेकर मुंहनोचवा, लकड़सुंघवा, चोटीकटवा अलग-अलग दौर में लोक कल्पना की ऐसी ईजाद हैं, जो हमारी वैज्ञानिक चेतना का पैमाना हैं और चुनौती भी। मुंहनोचवा दिल्ली में उड़ा, लकड़सुंघवा पूर्वांचल में मगर चोटीकटवा ख़ालिस हमारी ईजाद था। ख़लील मियां तो सुना फ़ाख़्ता उड़ाया करते थे, पर बेपर की उड़ाने वालों के मुक़ाबले उनका हुनर कुछ भी नहीं। तो इंटरनेट और व्हाट्सएप के हमारी ज़िंदगी में दख़ल से पहले ऐसे लोग छापाख़ानों को थोड़ा-बहुत काम दे दिया करते थे।

राह चलते पीले या लाल रंग के सस्ते काग़ज़ पर छपा वह मज़मून अक्सर लोगों के हाथ लग जाता, जिसमें 'मूक होइ बाचाल, पंगु चढ़इ गिरिबर गहन ...' की तर्ज पर किसी सच्चे क़िस्से या खोये हुए बच्चे के घर लौट आने, किसी निर्धन के अचानक धनवान होने का क़िस्सा छपा होता और जिसके आख़िर में चेतावनी स्वरूप एक मशविरा भी लिखा रहता – जिन सज्जन को यह पर्चा मिले, वह इसके एक हज़ार

पर्चे छपाकर बाँटे तो पुण्य के भागी बनेंगे और अपने जीवन में चमत्कार देखेंगे। जो इसकी उपेक्षा करेंगे, उनका धन क्षय हो जाएगा, नाश हो जाएगा आदि-आदि। ऐसे पोस्टकार्ड लोगों को डाक में भी मिला करते।

और ख़्वा-मख़्वाह ही लोकतंत्र का चौथा खंभा (यों जंग-ए-आज़ादी के दौर में बरेली में खंभा प्रेस का प्रयोग बहुत लोकप्रिय रहा था, जब हुकूमत के ख़िलाफ़ छपने वाले पर्चे ख़ामोशी से खंभे पर चिपका दिए जाते और राहगीर उसे पढ़ने के लिए ठहर जाते) कहलाने वाले अख़बार भी यदा-कदा चमत्कार की ख़बरें छापकर अपना योगदान किया करते। पर्चे बाँटने के मुक़ाबले यह युक्ति कहीं ज़्यादा कारगर साबित होती। मसलन, किसी खेत में केंचुल छोड़ने के फेर में निश्चेष्ट पड़े एक साँप के बारे में अख़बारों ने ऐसी ख़बरें छापीं कि भक्तों की भारी भीड़ कई दिनों तक जगतपुर लाला बेगम के क़रीब उस खेत में जुटती रही, मेला लग गया, भजन-कीर्तन होने लगे। इतना चढ़ावा आया कि वहीं प्राण छोड़ चुके नाग देवता का मंदिर बन गया।

सब्ज़ियों में देव छवियों से लेकर किसी पशु की शक्ल लेकर जन्मे शिशु के बारे में ख़बरें व्हाट्सएप के प्रचलन के बाद भी अख़बारों में जब-तब छपी हुई मिल जाती हैं। शहर में अगर कोई जादूगर या सर्कस आता तो यह सूचना विज्ञापन के तौर पर छपती, क्योंकि यह व्यावसायिक गतिविधि है और ज़मीन के अंदर चार दिन बंद रहकर समाधि लगाने वाले किसी योगी का ऐलान तो ख़बर के तौर पर छपता ही, कई दिनों तक उनकी करामात के फॉलोअप भी छपते रहते। वहाँ आने वाला चढ़ावा कभी व्यावसायिक नहीं माना गया।

सर्कस वालों के पास तो ख़ैर प्रचार का अपना ज़बरदस्त इंतज़ाम वह लेज़र लाइट होती, जो रात के अंधेरे में शहर की छतों से होकर कई बार गुज़र जाती, मगर मोती पार्क में कई दिनों तक बिना रुके साइकिल चलाने वाले किसी करतबी नौजवान के पास तो अपनी ज़रूरत और मेहनत के सिवाय कुछ नहीं होता था। ऐसे में शहरी ख़ुद ही उसके प्रचारक बन जाते।

एक ज़माने में सरसों के तेल में भटकटइया (आर्जीमोन मेक्सिकाना) के बीज की मिलावट से फ़ील-पा की बीमारी की ख़बरें अख़बारों में इतने व्यवस्थित ढंग से आईं कि पुरखों के परखे हुए सरसों के तेल को दरकिनार करके लोग रिफ़ाइंड ऑयल पर टूट

पड़े। यही तरक़ीब धान की भूसी के तेल और फिर ऑलिव ऑयल की आदत डलवाने के लिए आज़माई गई और काफ़ी हद तक क़ामयाब भी रही।

जिन लोगों को दवा कंपनियों और डॉक्टरों की साठगांठ पर एतराज़ होता है, उन्हें अख़बारों में छपने वाले विज्ञापनों और अख़बारनवीसों को तोहफ़ों से नवाज़ने की रवायत की पड़ताल भी करनी चाहिए। हालाँकि नज़ीर के तौर पर भी ये सारी बातें अब गुज़रे ज़माने की हो चुकीं, अख़बार (मीडिया) अब इससे बहुत आगे निकल गए हैं। अख़बार के दफ़्तर में मुलाज़मत शुरू करने के पहले तक मुझे इन हिकमतों की ख़बर भी न थी। हालाँकि सरकारी नौकरी छोड़कर अख़बार के न्यूज़रूम तक पहुँचने का संयोग भी चमत्कार जैसा ही कुछ था। नौकरी छोड़कर ख़ाली बैठा था, सो किताबें पढ़ता या तस्वीरें उतारता घूमता। गवर्नमेंट डिस्ट्रिक्ट लाइब्रेरी के लाइब्रेरियन विनोद क्रिस्टोफ़र दिलावर ने एक रोज़ उलाहना दिया कि ये फ़ोटो खींचकर जमा करने से क्या फ़ायदा। अपनी तस्वीरें *अमर उजाला* को क्यों नहीं देते। फिर उन्होंने ही अख़बार के दफ़्तर तक पहुँचने और वहाँ रसाई का रास्ता दिखाया।

अमर उजाला में उन दिनों स्टाफ़ फ़ोटोग्राफ़र नहीं होते थे। गवर्नमेंट कॉलेज के गेट पर तब विगसंस स्टूडियो होता था और उसके मालिक सोम विग ही अख़बार के लिए भी फ़ोटो खींचते थे। बढ़िया कॉफ़ी के शौक़ीन सोम भाई विलक्षण शख़्सियत थे, क़ॉफ़ी पीने के बाद भी जब तक सोबरन लाल के पान का बीड़ा मुँह में दबाकर उस पर चूने का छौंक नहीं लगा लेते थे, कैमरा नहीं उठाते थे। अपने इस अनुशासन के चक्कर में वह कई बार मौक़े पर देर से पहुँच पाते।

एक बार ऊर्जा मंत्री सुनील शास्त्री परसाखेड़ा में पॉवर हाउस के उद्घाटन के लिए आए। इस मौक़े की तस्वीर के लिए सोम भाई जब वहाँ पहुंचे, तो उद्घाटन कार्यक्रम ख़त्म हो चुका था और मंत्री बाहर निकल रहे थे। उन्होंने सुनील शास्त्री को रोक लिया, उनके गले में दोबारा माला डलवाकर उद्घाटन के शिलापट्ट के साथ खड़ा करके उनकी फ़ोटो खींची। मंत्री इसके बाद ही मोटर में बैठ पाए।

कोतवाली उनके स्टूडियो से बमुश्किल सौ मीटर की दूरी पर थी। एक रोज़ विद्यार्थी परिषद का जुलूस उधर से गुज़र रहा था, लड़कों की पुलिस से कुछ झांव-झांव हो गई, पुलिस ने लाठियाँ फटकार कर उन्हें तितर-बितर कर दिया। अपना शगल पूरा

करके, कैमरे में कट-रोल लोड करके जब वह मौक़े पर पहुँचे तो सड़क पर छूट गए कुछ चप्पल-सैंडिल ही जुलूस की परिणिति के गवाह मिले।

दफ़्तर से मुझे जो असाइनमेंट मिलता, उसकी तस्वीरें बनाकर दे आता। एक रोज़ तस्वीरें देकर लौटते समय दफ़्तर के कैंपस में अतुल जी (मरहूम अतुल माहेश्वरी) से भेंट हो गई, पहले तो वह पढ़ाई-लिखाई के बारे में बातें करते रहे, फिर पूछा कि अख़बार में नौकरी करोगे? और मैंने हाँ कर दी।

समाचार की दुनिया

सोचा न था कि लिखने-पढ़ने वालों की दुनिया मानकर जहाँ मैं ख़ुद को समृद्ध करने की सोचकर गया था, वहाँ फ़क़त लिखने वाले ही मिलेंगे। फिर भी दुनिया को इतने क़रीब से जानने-महसूस करने और तमाम दिलचस्प लोगों से मिलने के मौक़े, बहुत सारी सलाहियतें और नज़र अख़बार में काम करते हुए ही पाईं। और दुनिया ही क्यों, अपने शहर और लोगों का किरदार भी तो अख़बारनवीसी करते हुए ही जान-समझ पाया।

जिन दिनों में मैंने अख़बार में काम करना शुरू किया, अख़बार कार्पोरेट नहीं हुए थे। उनके चेहरे की तरह न्यूज़रूम भी कहीं ज़्यादा मानवीय थे, कुछ दूसरे अख़बारों की तरह *अमर उजाला* में पाँव छूने की संस्कृति नहीं थी, अख़बार के मालिक तब सर नहीं, भाई साहब थे। बरसों तक मैंने अशोक जी और अतुल जी को न्यूज़रूम में आकर रिपोर्टर की कॉपियाँ जाँचते और सुधारते देखा है। नियम-क़ायदों की कोई लिखित निर्देशिका नहीं थी, पर दफ़्तर में काम करने वाला हर शख़्स अख़बार के उसूल और उसकी जनपक्षधरता के पैमाने के बारे में मन से जानता था।

मुझे याद है कि लंबे समय तक छपते रहे मेरे कॉलम 'शहरनामा' के हवाले से एक बार शहर की एक संस्था ने मेरे अभिनंदन का फ़ैसला किया। अख़बारनवीस के तौर पर मेरे लिए यह पहला मौक़ा था, तो इस बारे में जब मैंने राजुल जी को बताया तो ज़रा से मौन के बाद उन्होंने मुझसे सवाल किया था – आपको क्या लगता है कि अभिनंदन करने वाले लोग आपके काम का सही मूल्यांकन करने की लियाक़त रखते हैं? मैंने कोई जवाब तो नहीं दिया मगर उनकी यह बात गाँठ बाँध ली। इतने वर्षों बाद अब तक किसी सम्मान-पुरस्कार या अभिनंदन-पत्र में मेरा नाम दर्ज नहीं हुआ, तो

यह उस एक सवाल से मिली सीख का ही नतीजा है। जब भी ऐसा कोई प्रस्ताव आया, हरसंभव जतन करके मैंने उनसे किनारा किया है।

एक और नसीहत वामपंथी नेता अत्रि कुमार ऋषि से मिली थी। रिपोर्टिंग के एकदम शुरुआती दिन थे तो मैं उनसे परिचित भी नहीं था। एक शाम कोतवाली के सामने आंबेडकर पार्क में मजदूर संगठनों की बैठक थी, अँधेरा हो गया तो मुझे डेस्क से मिली सलाह याद आई। मैं उनके पास गया और परिचय देकर कहा कि अब तक के वक्ताओं को सुन लिया है, बाक़ी की कार्यवाही वह लिखकर दफ़्तर भेज दें। कड़कती आवाज़ में उनका जवाब मिला, 'देखिए मिस्टर, आपको लिखना है तो ख़ुद यहाँ बैठकर देखें-सुनें। हम विज्ञप्ति लिखकर नहीं भेजते।' उस एक जुमले से अख़बारनवीसी का सारा तिलिस्म भरभराकर टूट गया था। बाद में हालाँकि उनसे दोस्ती हो गई और ज्ञान-विज्ञान जत्था में नाटक करने वालों की उनकी टोली में कभी-कभी मैं भी शरीक होता था।

रिपोर्टिंग के दिनों में आधी रात के बाद जब हम दफ़्तर से निकलते तो फ़ाइव स्टार पर थोड़ी देर रुककर ही घर का रुख़ करते। कई बार तो सुबह की सैर के निकले लोगों से रास्ते में मुलाक़ात हो जाती। अयूब ख़ाँ चौराहे पर टिल्लू की दुकान के बाहर शिवचरन का ठेला तब अख़बार वालों का फ़ाइव स्टार हुआ करता था, जहाँ बेहतरीन कड़क चाय और नायाब बन-मक्खन मिलता। तब यानी 1985 में शहर में तीन ही दैनिक अख़बार थे, *अमर उजाला*, *विश्व मानव* और *दिव्य प्रकाश*। इन अख़बारों में काम करने वालों के मिलने और गपशप करने का यही ठिकाना था, बहसें करने या अपनी ख़बरों के असर को लेकर शेख़ी मारने की भी यह मुफ़ीद जगह थी। ब्रेड-ऑमलेट के शौक़ीन बस अड्डे के सामने हरफ़नमौला हरनाम के ठेले पर भी जुटा करते।

बैठकों में या अनौपचारिक बातचीत में भी, राजुल जी अक्सर कहा करते कि बढ़िया नेटवर्क बनाने के लिए चाय-पान के अड्डों पर भटकना ज़रूरी है। तो मेरे ऐसे ठिकानों में कलेक्ट्रेट के बाहर नरेंद्र का किशन पान भण्डार, नॉवल्टी पर सोबरन लाल, प्रेमनगर चौराहे पर पंडित जी और कमिश्नरी के बाहर ओंकार का रंगीला पान भण्डार भी शामिल था। यह सही है कि वहाँ रुकने से अमूमन शहर और कई बार भविष्य की हलचलों के सुराग मिल जाते थे, मगर नरेंद्र इस क़दर संजीदा इंसान थे कि किसी रोज़ अगर उनसे मुलाक़ात न हो पाई हो और उन्हें कोई सूचना साझा करना ज़रूरी लगता

तो सिगरेट के पैकेट पर लिखकर किसी के हाथ दफ़्तर भिजवा दिया करते। पीसीओ जाकर बात करना उनके लिए ख़र्चीला होता।

अख़बारनवीसी के पेशे में संवेदनशीलता और एक्टिविज़्म किस क़दर ख़तरनाक़ हो सकते हैं, इसका तजुर्बा अख़बार के दफ़्तर में कम, बाहर ज़्यादा हुआ और कई मौक़ों पर हुआ। एक बार का अनुभव तो बड़ा कड़वा है। उन दिनों सूबे भर के सरकारी डॉक्टर हड़ताल पर थे। एक रोज़ सवेरे बंद पड़े दरवाज़ों वाले ओपीडी के गलियारे की तस्वीर उतार रहा था कि बच्चे को गोद में लेकर फूट-फूटकर रोती एक महिला पर निगाह पड़ी। पूछा तो मालूम हुआ कि रामगंगा पार के किसी गांव से आई थीं। उनकी गोद में चार रोज़ का बच्चा था। देहात के किसी डॉक्टर ने उसे टिटेनस होना बताया था, सो दिखाने के लिए अस्पताल पहुंची थीं। उनकी कहानी सुनकर और रोना देखकर अफ़सोस हुआ और गुस्सा भी आया तो उन्हें लेकर सीएमएस के दफ़्तर में घुस गया। मेरी दलील थी कि डॉक्टर हड़ताल पर हैं, पर वह तो अफ़सर भी हैं, इलाज नहीं मिला तो उस बच्चे की जान जा सकती है। सीएमएस डॉ.आई.जे.पुन्हानी ने सख़्ती और हिक़ारत से मना कर दिया।

बाहर आकर मैंने एक डॉक्टर दोस्त को फ़ोन किया, उनसे उस महिला की मदद के लिए कहा और दवा के ख़र्च की बाबत पूछा। उन्होंने इंजेक्शन के दाम कुछ चार-साढ़े चार सौ रुपये बताए। मेरी जेब में दो-ढाई सौ रुपये ही थे तो बाक़ी पैसे के इंतज़ाम के लिए मैंने ड्रग लाइसेंस विभाग के एक परिचित बाबू को पकड़ा। उस वक़्त वह डॉक्टरों के समर्थन में पैरामेडिकल स्टाफ़ के प्रदर्शन में शामिल थे। ज़रा-सी देर में जाने क्या हुआ कि भाषण करने वाले सज्जन ने भड़कते हुए नारा दिया कि हड़ताल तोड़ने की कोई कोशिश कामयाब नहीं होने देंगे चाहे वह प्रशासन हो या अख़बार वाले। उन बाबू ने मेरा हाथ पकड़ा और तेज़ी से बाहर की तरफ़ भागे। कहा कि अभी आप चले जाओ। यहाँ माहौल ख़राब हो गया है। क्रुद्ध भीड़ के कोप से बचकर निकल आने के बाद भी देर तक सोचता रहा कि पेशागत नैतिकता के मापदण्ड किस क़दर खोखले हैं। बहरहाल, उस रोज़ मार खाते-खाते बच गया था।

आज के दौर की तरह तब व्हाट्सएप ग्रुप तो थे नहीं, इसलिए दौड़-भाग करना काम की ज़रूरी शर्त थी, बाद में दो और बड़े अख़बारों के शहर आ जाने के बाद एक्सक्लूसिव रिपोर्ट लिखने की प्रतिस्पर्धा भी बढ़ी थी। चूंकि रिपोर्ट के साथ अपना

नाम छपा हुआ देखना एक ख़ास तरह का नशा हुआ करता था, तो एक्सक्लूसिव रिपोर्ट बाइलाइन पाने का अचूक नुस्ख़ा थीं। अख़बारों के इस नज़रिए से मैं कभी सहमत नहीं हो पाया कि जो रिपोर्ट दूसरे अख़बारों में नहीं हो, वही एक्सक्लूसिव होगी। रिपोर्टर रहते हुए मेरी इस ज़िद को न्यूज़रूम में बहुत अहमियत कभी नहीं मिली कि रुटीन ख़बरें भी एक्सक्लूसिव बनाई जा सकती हैं। दूसरे अख़बारों के कुछ साथी ऐसे भी थे, जो मौक़ा देखकर सरकारी दफ़्तरों के अपने सूत्रों से जीओ या स्थानीय अफ़सरों के किसी फ़ैसले की कॉपी हासिल कर लेते, कई बार बिना बताए फ़ाइल में से निकाल भी लाते और अपने अख़बार में उसे एक्सक्लूसिव की तरह पेश करते।

अमर उजाला में हफ़्ते में एक बार होने वाली संपादकीय की सामूहिक बैठक में ख़बरें छूट जाने पर संबंधित बीट के रिपोर्टर पर फ़ी ख़बर दस रुपये जुर्माना लगता। जुर्माने की यह रक़म नक़द इकट्ठा होती और बैठक के बाद शहामतगंज में अजंता स्वीट्स पर जाकर ख़र्च की जाती। (मरहूम) अनिल त्यागी क्राइम रिपोर्टर थे और पार्टी के इस फंड में सबसे ज़्यादा योगदान उनका ही होता।

स्कूल-कॉलेज में तमाम लखैरों की भी सोहबत रही मगर ख़ालिस देसी ज़बान के धुरंधर तो अख़बार की दुनिया में आकर ही मिले। बे-तकल्लुफ़ाना बातचीत में कई बार वे जिन चुने हुए शब्दों का इस्तेमाल करते, उन्हें ज़बान पर लाना तो दूर कभी ज़ेहन में भी नहीं ला सका था। और ऐसे देसी मुहावरों से पहले साबका न पड़ा था – आज फलां से मिलने गए, हुआँ रायता फैल गया या कि हुआँ झाड़ हो गया। झाड़, झगड़े का संक्षिप्त रूप है और इस पर कितना ज़ोर देकर बोला गया, उससे झगड़े की तीव्रता का अंदाज़ लगा सकते थे।

रायता फैलने या फैलाने के मुहावरे से साक्षात्कार बाद में अलीगढ़ जाकर हुआ, जहाँ कचौड़ी के साथ प्लास्टिक के गिलास में परोसा जाने वाला रायता अक्सर मेज़ पर फैल जाता था। टेलीप्रिंटर ऑपरेटर (मरहूम) जुगल किशोर का यह पसंदीदा मुहावरा था, अलबत्ता ज़बान का ज़ाइक़ा बदलने के लिए झाड़ का एक और विकल्प उनके पास होता था – ठेटर। ठेटर मगर झाड़ के मुक़ाबले थोड़ा कम असरदार था।

लट्टू फ़्यूज़ हो गया या साले की लालटेन बुझ गई जैसे मुहावरे त्रिलोकीनाथ उपाध्याय आगरे वाले अपने साथ लाए थे। कॉपी एडिट कर रहा होता तो त्रिलोकी अक्सर कुर्सी के पीछे आकर खड़े जाते। और जैसे कि कोई लाइन या पैराग्राफ़ कटता

हुआ पाते, झट बोल पड़ते – अरे-अरे, जे क्या कर दिया, जेई तो सबसे इम्पोर्टेंट बात है। आगरा के ही राकेश आर्य ने एक शाम बैठक में बताया – में चोपले की तरफ से आ रहा था सामने से एक ठेला भौत तेज सिना आया और स्कूटर वाले को टक्कर मार दी। स्कूटर वाला भौत दूर जाकर गिरा। मेंने तो स्कूटर नीचे को उतार लिया, बची गया समझ लो। उनकी बात से सारे लोग हैरान कि ठेला इतनी तेज़ टक्कर कैसे मार सकता है? मालूम यह हुआ कि अकबराबादी ट्रक को ठेला ही कहते हैं और जिसे वह चौपुला बता रहे थे, वह तो कंपनी बाग़ चौराहा था क्योंकि बरेली वाले एक चौराहे को ही चौपुला के नाम से पहचानते हैं, जहाँ छह रास्ते आकर मिलते हैं।

मुहावरे वाली ज़बान कई बार गालियों तक भी पहुँचती, मगर ये गालियाँ आहत करने के लिए नहीं होती थीं, ये भी एक क़िस्म का मुहावरा हैं, कई बार दोस्तों के बीच अभिवादन का तरीक़ा भी। दफ़्तर में तो ख़ैर बाद में सुनाई दीं, ख़ालिस टकसाली गालियाँ शहर में पहले ही आम बोलचाल का हिस्सा हैं। ज़िंदगी में पहली बार मैंने भी गाली दी, वह भी अपने एक वरिष्ठ सहयोगी को और बहुत आहत होकर दी।

हुआ यह कि हुसेन की 'सरस्वती' को लेकर जब बवाल की शुरुआत हुई तो उसके निहितार्थ रेखांकित करते हुए मैंने विश्लेषण लिखा। और जिस रोज़ वह पहले पेज पर छपा उस रोज़ शाम को मैं अपने दफ़्तर के ही कुछ साथियों के निशाने पर था। बेहद अप्रिय क़िस्म की वह बहस मेरे लिए नया तजुर्बा थी। हुसेन विरोधियों के समर्थक एक हज़रत जब पीछे ही पड़ गए, तो तर्क से हराने में बेबस होकर उन्हें गरिया कर मैं दफ़्तर से बाहर चला गया।

डाक डेस्क के हमारे साथी अमिताभ मिश्र का सूत्र था – व्हेन इन डाउट कट इट आउट, तो गुरुरानी जी के ख़बरें लिखने के तरीक़े से ऊबे राजेश ने फ़ार्मूला ईजाद किया – गुरुरानी जी की ख़बर में ऊपर के दो पन्ने और सबसे आख़िर के दो पन्ने निकाल लो, ऊपर वाले पन्ने नीचे लगाकर ख़बर बना लो, बाक़ी पन्ने तार कर दो, उसमें कुछ होता नहीं है। कल्पनाशील इंसान हैं तो दफ़्तर के तमाम वरिष्ठों की भूमिका तय करके वह एक सर्कस की स्क्रिप्ट के बारे में भी सोचते रहते और जितना सोच लेते वह दोस्तों से साझा कर लेते। मसलन उनकी स्क्रिप्ट में साहू जी के हाथ में हंटर होता और उनके हंटर फटकारने पर हम लोगों में कोई दुम दबाये स्टूल पर चढ़ जाता।

ग़ाज़ीपुरी जे. के. सिंह की परवरिश कलकत्ते में हुई थी, बांग्लाभाषी भी थे तो कई बार अपनी ख़बर पर बांग्ला में हेडिंग लगाकर पकड़ा देते, अब आप माथा मारते रहिए कि क्या लिखा है उन्होंने। उनकी लिखाई तो इतनी माशाअल्लाह थी कि एक बार अपने बॉस सुनील शाह से मिलने उनके घर गए। वह नहीं मिले तो काग़ज़ पर एक संदेश लिखकर छोड़ आए। शाह जी तब एक ब्रिगेडियर के बंगले के आउटहाउस में रहा करते थे। जे.के.सिंह का वह पुर्ज़ा हवा में उड़कर किसी तरह ब्रिगेडियर तक पहुँच गया। बहुत कोशिश करने पर वह जब ख़ुद नहीं पढ़ पाए तो किसी और ज़बान में लिखी धमकी की चिट्ठी मानते हुए मिलिट्री इंटेलिजेंस को बुलाकर जाँच के लिए उसे सौंप दिया।

हमारे आज़ाद सा'ब

अख़बार के शुरुआती दिनों को याद करते हुए पहला नाम जो ज़ेहन में आता है, वह गौतम बुद्ध आज़ाद का है। बेलौस तबीयत के आज़ाद साहब ख़ासे दिलचस्प इंसान थे। यों तो प्राइमरी स्कूल में शिक्षक थे, मगर *अमर उजाला* के पार्ट टाइमर के तौर पर क्राइम रिपोर्टिंग भी किया करते थे। मुँह में पान, उंगलियों में फंसी बीड़ी या सिगरेट, साइकिल पर चलते, जिसके हैंडिल पर कैरियर में बड़ा-सा क्लिप पैड दबा होता और उसमें ढेर सारे काग़ज़। यह उनका नोट पैड था। अस्पताल, थानों और पोस्टमॉर्टम हाउस के लोगों के बीच वह पहचाना हुआ चेहरा थे। तो एक रोज़ वह हाथ झुलाते हुए गेट के अंदर दाख़िल हुए। अख़बार के मालिक-संपादक अशोक अग्रवाल दफ़्तर के बाहर ही खड़े थे। उन्होंने पूछा, 'आज़ाद साहब, क्या ख़बरें हैं?'

आज़ाद साहब ने कंधे उचकाते हुए जवाब दिया, 'आज तो साहब कोई ख़बर नहीं है।' अशोक जी की सवालिया निगाह पर ग़ौर करके उन्होंने विस्तार से इसकी वजह बताई, 'अरे, वो क्या हुआ कि कल रात को घर पे कुछ मेहमान आ गए। लौंडे को साइकिल से शहामतगंज भेजा। भट्टी पे साइकिल खड़ी करके वो अंदर गया और बोतलें ले के लौटा तो साइकिल ग़ायब। मतलब जे देखिए कि कोई साला ताला लगी साइकिल उठा के ले गया। इस चक्कर में आज कहीं जा ही नहीं पाया। रिक्शे से कहाँ-कहाँ जाता। अब आप पैसे दो तो नई साइकिल ख़रीदूं।'

एक रोज़ किसी सूत्र ने फ़ोन करके बताया कि ज़िला अस्पताल में भर्ती आग से झुलसी एक महिला का डाइंग डिक्लेरेशन रिकॉर्ड करने के लिए मजिस्ट्रेट पहुँच रहे हैं। न्यूज़रूम में उस समय कोई और नहीं था तो मुझे ही वहाँ जाने के लिए कह दिया। वहाँ पहुँचा तो मालूम हुआ कि मजिस्ट्रेट अंदर हैं और वार्ड में किसी को दाख़िल होने की मनाही है। बाहर टहलते हुए मैं सोच रहा था कि बुरा फंसा, मजिस्ट्रेट कुछ बताएंगे नहीं और डॉक्टर भी भला मुझे कुछ क्यों बताने लगे। इतने में आज़ाद साहब अपना पैड झुलाते हुए आए, मुझसे पूछा कि बाहर क्यों खड़े हैं। और फिर वॉर्ड बॉय के रोकते-रोकते वह अंदर चले गए। मजिस्ट्रेट के निकल आने के बाद विजेता-सी मुस्कान लिए वह बाहर आए। मुझसे कहा, 'फिकर मत करो। मेरे पास पूरी बातचीत है।'

छोटे डाकू के लिए छोटा उ

न्यूज़ एडिटर उदित साहू से फ़ोटोग्राफ़र के तौर पर दुआ-सलाम होती रहती थी, मगर पहले दिन जब उन्हें रिपोर्ट करने गया तो त्योरी चढ़ाकर उन्होंने पूछा – तुम्हें ख़बरों से क्या मतलब। तुम तो फ़ोटो खींचते हो न! उनकी शख़्सियत का यह पहलू जानने का कभी मौक़ा नहीं मिला था सो अचानक लगा कि वह बहुत कठोर हो गए हैं। न्यूज़रूम में मेरी आमद की दरअसल उन्हें कोई ख़बर ही नहीं थी।

अक्टूबर 1990 की बात है। अयोध्या में कारसेवा के एलान के बाद 30 तारीख़ की ग्राउंड रिपोर्टिंग के लिए आशीष को वहाँ भेजा जा चुका था। तब टेलीप्रिंटर और अगर लाइन मिल जाए तो फ़ोन के सिवाय ख़बरें भेजने का कोई और त्वरित साधन नहीं था। न्यूज़रूम में आशीष के डिस्पैच का इंतज़ार हो रहा था, क्योंकि उस रोज़ दोपहर को स्पेशल बुलेटिन छपना था। डिस्पैच का पता नहीं था, उधर से कोई फ़ोन भी नहीं। तब तक एजेंसियों के टेलीप्रिंटर पर भी काम की कोई ख़बर नहीं आई थी। साहू जी ने रेडियो मंगाकर ख़बरें लगा दी थीं। रेडियो स्टेशन बदले जाते रहे। धीमी गति के समाचार भी सुने गए, एजेंसी से इनपुट लिया गया। मामला शीर्षक पर आकर अटक गया। कार सेवा शुरू हो गई, इसकी कोई पुष्ट सूचना हमारे पास नहीं थी तो साहू जी को मध्य मार्ग सूझा। नेताओं के दावों के हवाले से उन्होंने हेडिंग लगाई – कारसेवा शुरू होने का दावा।

शाम तक तो ख़ैर दिन भर के घटनाक्रम के बारे में पता ही चल गया। वह दिन तो जैसे-तैसे बीत गया। दो रोज़ बाद अशोक जी आगरा से लौटे और न्यूज़रूम में आकर बरस पड़े – सत्यानाश कर डाला आप लोगों ने अख़बार का। साहू जी के तर्कों से वह संतुष्ट नहीं हुए। हालाँकि विचलित हुए बग़ैर साहू जी इस बात पर डटे रहे कि पुष्टि के बिना कारसेवा शुरू लिखा जाना किसी भी तरह मुनासिब नहीं था।

बाद के दिनों में जब सचमुच कारसेवा शुरू हुई और अख़बारों के रुख़ को देखते हुए प्रशासन ने रात को छपाई के समय अख़बार देखने के लिए मजिस्ट्रेट तैनात किए तो वे शहर के बाक़ी दो बड़े अख़बारों के दफ़्तर ही जाते थे, *अमर उजाला* के दफ़्तर कभी नहीं आए। कोई और शायद न माने, मगर मुझे लगता है कि अख़बार के किरदार पर लोगों के भरोसे के साथ ही इसमें साहू जी जैसे अख़बारनवीसों की सोच का हाथ भी था।

साहू जी पहले आगरा के अख़बार *सैनिक* में काम करते थे और *अमर उजाला* का बरेली संस्करण शुरू होने के समय से ही यहाँ थे। न्यूज़रूम में सख़्त मिजाज़ बॉस और बाहर हॉस्टल के किसी सीनियर जैसा व्यवहार। शाम तक टेलीप्रिंटर पर आई ख़बरों की छंटाई, कुछ ख़बरें बना लेने और अख़बार का ख़ाका तय कर लेने के बाद हमें एक ब्रेक मिलता। जनरल डेस्क के सारे साथी दफ़्तर के बाहर सुभाष या पहलवान के होटल पर चाय पीने के लिए निकलते।

मेरी याद में साहू जी ने हममें से किसी को चाय के पैसे कभी देने नहीं दिए। पहलवान के यहाँ तो उनका खाता भी चलता था। गर्मी के दिनों में जब अपनी कुर्सी से उठकर पानी पीने के लिए वह बाहर लगे वॉटर कूलर तक जाते तो एक गिलास पानी साथ लेकर लौटते और हम लोगों के बीच रख दिया करते। यानी जिसको प्यास लगी हो, पी सकता है। फिर उनकी देखादेखी हम लोग भी ऐसा करने लगे थे।

उन दिनों मैं एक साप्ताहिक कॉलम भी लिखा करता था – शहरनामा। एक बार छुट्टी पर जाने से पहले अपना कॉलम लिखकर छोड़ गया। लौटा तो मालूम हुआ कि वह छपा ही नहीं। डेस्क इंचार्ज ने बताया कि उसका एक टुकड़ा उन्हें समझ में नहीं आया था। हफ़्ते की समीक्षा बैठक में राजुल जी और साहू जी के सामने मैंने यह मसला पेश किया तो उन्होंने कॉपी मंगाई, पढ़ी और थोड़ा गंभीरता से बोले – तुमने इस पर

हेडिंग ऊटपटांग लगा दी है, वरना यह बहुत अच्छी कहानी है। इसमें समझ में न आने जैसा तो कुछ नहीं। अगले हफ़्ते वह जस का तस छपा। एक बार न्यूज़रूम में किसी ने उनसे पूछ लिया कि डाकुओं में छोटे उ की मात्रा लगेगी या बड़े ऊ की। शायद बढ़िया मूड में थे। जवाब दिया – अबे देख लो, छोटा डाकू हो तो छोटे उ की और बड़ा हो तो बड़े ऊ की लगा दो।

टेलीविज़न के न्यूज़ चैनल बढ़ते जाने, चौबीसों घंटे ख़बरें और ब्रेकिंग न्यूज़ का चलन अख़बारों पर कैसे भारी पड़ा, इसके लिए सर्कुलेशन के आंकड़ों के विश्लेषण के बजाय न्यूज़रूम में काम करने वालों के जुनून और जज़्बे पर ग़ौर करने से भी बात समझ में आ सकती है। न्यूज़रूम की वह गहमागहमी, बहस-मुबाहिसे की जगह अब मशीनी ढंग के कामकाज और रिपोर्टर के लेगवर्क के विकल्प के तौर वाट्सएप के इस्तेमाल ने अख़बार पढ़ने वालों का भी नुक़सान ही किया है, ख़बरें इस क़दर एकरस, भावहीन और रूखी हो चली हैं कि उनका असर खो गया लगता है। और यह असर अख़बार और टेलीविज़न दोनों ही जगह दिखाई देता है। यह ज़रूर है कि अख़बार की ख़बरें अब भी उतनी कॉमिक नहीं हुई हैं, जितनी कि टेलीविज़न की।

मीडिया का कामकाज और उसके कारनामे अब उतने पोशीदा भी नहीं रह गए हैं, जितने कि कभी हुआ करते थे तो इस एक लफ़्ज़ कॉमिक के बारे में ज़्यादा कुछ कहने की ज़रूरत नहीं, फिर भी अपने एकाध तजुर्बे यहाँ साझा कर रहा हूँ। एक बार एक साथी को मुशायरे की रिपोर्टिंग के लिए भेजा था। दफ़्तर से निकलने के पहले सोचा कि ज़रा देख लूं कि कैसी लिखी गई है, सो उनसे रिपोर्ट मांग ली। इंट्रो ही पढ़कर चकरा गया। लिखा था – कल शाम हुए मुशायरे में देश भर के दिग्गज मुशायर जुटे और उन्होंने अपनी-अपनी मुशायरी पढ़ी। उनको बुलाकर इस बारे में दरयाफ़्त किया तो पूरी मासूमियत से उन्होंने पूछा कि अब मुशायरे में मुशायर नहीं होंगे तो भला कौन होगा! शायर, शायरी और मुशायरा समझाने की झोंक में मुझसे एक ग़लती यह हो गई कि वामिक़ जौनपुरी का एक शेर सुनाकर मैंने उनसे मतलब पूछ लिया – हुजूम बढ़ता जा रहा है सड़कों पे/ सलामती इसी में है कि बायें जाएं सब। जवाब मिला कि शायर ने लोगों को यातायात के नियम समझाकर बाईं तरफ़ चलने की अपील की है।

अख़बार में काम पाने की उम्मीद में फ़रीदपुर से आए उस नौजवान की अक्सर

याद आ जाती है, जिसके बायोडाटा में नोएडा के किसी इंस्टीट्यूट से दो साल तक पत्रकारिता की पढ़ाई के साथ ही किताबें पढ़ने के शौक़ का ज़िक्र था। कुछ पत्रिकाओं के नाम गिनाने के बाद किसी तरह वह ग्रंथ पर आया। बोला कि *रामायण* पढ़ी है। *रामायण* किसने लिखी, यह पूछने पर पहले उसने विवेकानंद का नाम लिया, फिर थोड़ा ठहरकर जवाब दिया था – बी.आर. चोपड़ा ने।

8. एहतिमाम-ए-ज़िंदगी

बाज़ारों-दुकानों की बदली रंगत और मोहल्लों में उत्साही लोगों की पहल पर जगह-जगह टंग गए भोंपुओं पर फ़िल्मी गानों का शोर समय से पहले ही त्योहारों के आने का पता दे दिया करते थे। त्योहारों का जश्न मनाने और एड्रिनलिन बढ़ाने में फ़िल्मी गानों की भूमिका पर अब तक कोई शोध नहीं हुआ है, अगर हो तो यक़ीनन दिलचस्प होगा। 'होली आई रे कन्हाई ...', 'तन रंग लो जी आज मन रंग लो ...' उन दिनों नींद में भी सुनाई देते। 'जय-जय शिवशंकर ...' बेवड़ों और भाँग के शौक़ीनों के लिए बहाना होता और तसल्ली भी। अपने मोहल्ले से 'आज न छोड़ेंगे बस हमजोली ...' सुनते-सुनते किसी दूसरे मोहल्ले में दाख़िल होने पर 'अपनी-अपनी क़िस्मत है कोई हँसे कोई रोये ...' वहाँ सुनाई दे जाता। बाद में अमिताभ बच्चन ने 'होली खेलै रघुबीरा अवध में ...' और 'रंग बरसे भीगे चुनर वाली ...' जैसे गाने गा कर होली अलबम को विस्तार देने में योगदान किया। बाक़ी, 'होली के दिन दिल खिल जाते हैं ...' तो इस मौक़े का सदाबहार स्तुति गान साबित हुआ। हालाँकि सालों-साल कई-कई दिनों तक इन गानों को लगातार सुनते रहने का नतीजा यह हुआ कि इनका असर जाता रहा, नैसर्गिक पुलकन का भाव ही ख़त्म हो गया, उल्टा ऊब होने लगी।

होली की दोपहर को जब रंग खेलने वाले पस्त होकर नहाने-धोने के लिए अपने घरों को लौट चुके होते, रंग से सराबोर कपड़ों में कुछ लोग अकेले ही गलियों-सड़कों पर इन गानों की धुन पर नाचते-थिरकते त्योहार जगाते मिल जाते, पेट्रोल ख़त्म होने तक उनके पाँव थमते नहीं थे। होली के साथ हुड़दंग विशेषण तो ख़ैर जुड़ता ही रहा है। पर ऐसे में जेएनयू के प्रो.कलीम बहादुर ख़ान अक्सर याद आ जाते हैं। वह ख़ान बहादुर ख़ान के प्रपौत्र थे, उनकी पढ़ाई-लिखाई बरेली में ही हुई थी। होली के अपने दिनों को याद करके वह बताते कि कई बार जब वह अपने वालिद की साइकिल पर पीछे बैठकर आलमगिरीगंज जैसे इलाक़े से गुज़रते थे, जहाँ लोग जम के रंग खेल रहे होते थे पर वालिद को सामने देखकर रंग थोड़ी देर को थम जाता। ऐसा नहीं था कि

मेरे वालिद को रंग से कोई परहेज़ था मगर उन्हें इज़्ज़त देने का लोगों का यह अपना तरीक़ा था। तो हमारे शहर में एहतिराम की ऐसी रवायत रही है।

रक्षा बंधन, भाई दूज और दिवाली के मौक़ों के लिए गानों की मुख़्तलिफ़ अलबम हुआ करती थीं मगर मजाल है कि डेसिबल ज़रा भी उन्नीस हो जाए। यह ज़रूर होता कि लाला और दूसरे हलवाइयों की दुकानों की सजावट और मिठाइयों के रंग और दिनों के मुक़ाबले ज़्यादा भड़कीले और मोहक हो उठते। दिवाली के कई रोज़ पहले से शाम का अंधेरा उतरते ही टिमटिमाते दीये लेकर आसपास की बस्ती के छोटे बच्चे झिंझिया गाने के लिए घरों के आंगन में पहुँच जाते – 'अरे झिंझिया मांगन चली ...' की टेक के साथ वे कोरस में झिंझिया गीत गाते और इन गीतों में चुटकी-चुहल वाले मौक़ों पर ख़ुद ही खिलखिलाकर हँस भी पड़ते। चलने को होते तो घर के बड़ों से मिलने वाले सिक्के बटोरने की उनमें होड़ लग जाती।

दिवाली पर पटाख़ों का जलवा तब भी रहता ही था, बल्कि दो-तीन दिन पहले से शुरू हो जाता। मगर दिवाली की रात को नौ-दस बजते-बजते मद्धिम पड़ जाता। बहुतेरे लोग खाना-पीना निपटाकर शहर के बाज़ारों की रौशनी देखने के लिए निकल जाया करते। बड़े बाज़ार में डॉ.बद्री प्रसाद का दवाख़ाना और अयूब ख़ाँ चौराहे पर लाला काशीनाथ सेठ की आभूषणों की दुकान की सजावट के चर्चे उन दिनों शहर भर में हुआ करते थे। अयूब ख़ाँ चौराहे के क़रीब सैनिक पेट्रोल पम्प पर मंच सजता, जहाँ ज़हीर एण्ड पार्टी का संगीत का कार्यक्रम देर रात तक चलता, दूसरी तरफ़ सेलेक्शन प्वाइंट के ऊपर वाले हिस्से पर राजन एण्ड पार्टी के कलाकार जुटते, ख़ूब गहमागहमी रहती। अलबत्ता हर साल कुछ ऐसे ख़ुराफ़ाती ज़रूर मिलते, जो राकेट जलाकर सड़क पर छोड़ देते और फिर भीड़ में भगदड़ मच जाती।

पोस्टमॉडर्न पटाख़ों के मुक़ाबले अब उस ज़माने के पटाख़े बहुत मासूम और निर्दोष क़िस्म के मालूम देते हैं। लौंडे पिस्तौल और चट्-चट् करने वाली पटाख़े की रील लिए डोलते। एक डिबिया में बिंदी की तरह दिखने वाले पटाख़े भी आते थे, जिसके पास पिस्तौल न हो, उन बिंदियों को रगड़कर, लोढ़े या छोटी हथौड़ी से भी बजा लेता। पटककर बजाने वाले बम जेब में भरकर घूमने वाले भी मिल जाते जो ख़ामोशी से धमाका करके दूसरों को चौंका देते। सबसे विषैला धुआँ उस साँप का होता, जो काले

रंग की टिकिया को दियासलाई दिखाने देने के बाद सरसराता हुआ बढ़ता जाता और सबसे ख़तरनाक वह सुतलीबम होता, जिसके धमाके के पहले बच्चे अपने कानों पर हाथ रख लिया करते।

सुतली या धागे में बाँधकर एक छोर से दूसरे छोर तक दौड़ लगाने वाली रेलगाड़ी, अनार, चकरी, चटाई बम और फुलझड़ी ... तब कुल इतना ही होता था। घरों को झालरों से रौशन करने का चलन तब शुरू नहीं हुआ था, लोग दीये और मोमबत्तियाँ ही जलाते। पूजा में खील, बताशों के साथ चीनी से बने उन खिलौनों का आकर्षण ख़ास रहता, जो तमाम तरह के जानवरों की शक्लों के बने होते थे। और जिसे बताशा गली के कारीगर कितने ही दिनों पहले से साँचे में चीनी ढाल-ढालकर बनाते जाते थे।

कुछ उत्सव गानों के इतने शोर के बग़ैर भी मनाये जाते, घरों में पकवान बनते, रिश्तेदारों-दोस्तों की महफ़िलें जमतीं, और घर-बाहर ख़ुशियाँ और रंग छिटके हुए दिखाई देते। बसंत पंचमी, गुरु परब, जन्माष्टमी, बड़ा दिन, शब-ए-बारात, ईद और पूजा के उत्सवों का इन्हीं में शुमार है।

बी.आई. बाज़ार की दुर्गा पूजा कभी बेहद ख़ास हुआ करती थी। फ़ौजी और सिविलियन दोनों की भागीदारी रहती, एमईएस के दास बाबू का धुनुची नृत्य तब सनसनी हुआ करता था, एक दिन बांग्ला नाटक, दो दिन हिंदी नाटक और एक दिन कोई फ़िल्म दिखाई जाती, फिर एक दिन संगीत संध्या का आयोजन होता, ऑर्केस्ट्रा के कलाकार बुलाए जाते। लोगों को बाक़ायदा न्योते भेजे जाते, जिस पर हर दिन के कार्यक्रम का ब्योरा छपा होता, यह भी कि शाम की चाय के साथ स्नैक्स क्या मिलने वाले हैं।

पूजा के मौक़े पर फ़िल्मी गाने-वाने ज़रूर बजते, मगर सिर्फ़ शाम को थोड़ी देर के लिए और वह भी दुर्गाबाड़ी के परिसर के भीतर। नवरात्रि के दिनों में रेलवे के चौपुला, जंक्शन और आईज़टनगर वाले मनोरंजन सदन में, एयरफ़ोर्स और कुदेशिया फाटक पर, पुराना शहर की क्षत्रिय धर्मशाला में, बी.आई.बाज़ार और रामपुर बाग़ की दुर्गाबाड़ी में प्रतिमाएं सजती हैं। कलकत्ते से ढाकी बुलाए जाते, धुनुची के साथ अपना नृत्य कौशल दिखाने के ख़्वाहिशमंद नौजवान जोश से भरे घूमते। बाक़ी का ज़िम्मा ऑकेस्ट्रा के कलाकार संभाल लेते। धुनुची नृत्य करने वालों का कौशल हमेशा ही हैरान करता, अब भी करता है।

ऐसे ही गुरु परब के मौक़े पर शहर में निकलने वाली शोभायात्रा में पंज प्यारों के पीछे चलने वाले गतका दल के करतब देखना भी अलग ही तरह का रोमांच पैदा करता। सुनते हैं कि हुकूमत-ए-बरतानिया में गतका के प्रदर्शन पर रोक लगा दी गई थी। यों शहर में ईसाई बहुत थोड़े हैं और प्रार्थना के लिए कई चर्च, मगर क्रिसमस के रोज़ अगर मेथोडिस्ट क्राइस्ट चर्च देख आएं तो इस बात पर यक़ीन नहीं होगा। यीशु में श्रद्धा रखने वालों के साथ-साथ बेशुमार नौजवान मोमबत्तियाँ लिए चर्च में और बाहर क्रिसमस के मेले में मिल जाते हैं। शहर के किसी और चर्च पर शायद ही इतनी भीड़ होती हो।

इधर हाल के वर्षों में तमाम उत्सवों को एक ख़ास तरह के शोर में तब्दील कर देने का चलन बढ़ा है। व्यक्तिवाचक संज्ञा डीजे यानी डिस्क जॉकी नए दौर में वस्तु वाचक संज्ञा हो गया है। अब डीजे का मतलब है – ढेर सारे बड़े-बड़े साउंड बॉक्स का समूह, जिनसे निकलने वाली ध्वनियाँ समझ में भले न आए मगर कलेजा काँप उठे और कमज़ोर खिड़की-दरवाज़े हिलने लग जाएं।

अभी पिछले बरस जुलूस-ए-मोहम्मदी में इसी क़िस्म के डीजे पर रोक लगाने के कुछ धर्म-गुरुओं के फ़ैसले को लेकर कई दिनों तक तर्क-वितर्क चलता रहा। ईद मिलाद उन-नबी के मौक़े पर शहर में दो दिनों तक जुलूस निकालने की रवायत बहुत पुरानी नहीं है, 1981 में ही शुरू हुई मगर इसमें डीजे का शुमार नया है। जुलूस के रास्ते भर ख़ूब रौशनी होती है, डीजे की धमक के साथ रंग बदलने वाली रौशनी का इंतज़ाम होता है सो अलग। सौ से ज़्यादा अंजुमनें शिरकत करती हैं। इतनी अंजुमनों के लिए डीजे शहर में मयस्सर नहीं हो पाते तो हरियाणा, पंजाब और दिल्ली से मंगाते हैं। जश्न के दिनों में शहर और सड़कें रौशनी और लोगों की आवाजाही से इस क़दर गुलज़ार रहती हैं कि मंज़र दिन का ही मालूम देता है। जुलूस में आए नौ-उम्रों की एक बड़ी जमात ख़ास कपड़ों और अरबी रूमाल में सजी दिखाई देती है। और तमाम ऐसे भी हैं, जो मोटरसाइकिल पर चलते हुए रास्ते में स्टंट करते हुए मिलते हैं।

और सावन के दिनों में तो साउंड बॉक्स भाड़े पर देने वाले भी ख़ूब चाँदी काटते हैं। काँवड़ ले जाने का उद्यम अब एकाकी यात्रा नहीं रहा, सामूहिक कर्म बन गया है। और काँवड़ियों से ज़्यादा तादाद में लोग उन्हें शहर की हद तक विदा करने के लिए साथ जाते हैं। गुज़रे दिनों को याद करता हूँ तो कंधे पर बहंगी धरे सड़क किनारे पटरी

पकड़े ख़ामोश-पैदल चलता हुआ कोई काँवड़ यात्री ज़ेहन में कौंध जाता है। अपना संकल्प पूरा करने के धुनी ऐसे लोग तब कौतूहल और श्रद्धा जगाते। अब तो इतना ढेर सारा साज़-ओ-सामान साथ चलता है कि मत पूछिए, ख़ास तरह की पोशाक, ध्वज, रंग-भभूत, डीजे और उसके लिए चुनिंदा गाने। रास्ते भर जगह-जगह भंडारे लगते हैं, काँवड़ का सामान बेचने वाली अस्थायी दुकानें भी खुल जाती हैं। महीने भर तक बरेली से दिल्ली जाने वाले हाईवे की एक लेन बंद रहती है। हफ़्ते में एक रोज़ तो पूरी तरह बंद, छोटे बच्चों के तमाम स्कूल भी छुट्टी रखते हैं।

होली पर रामलीला

सुभाषनगर और चौधरी तालाब की रामलीला इतनी पुरानी है कि इन्हें ऐतिहासिकता का दर्जा मिल चुका है। हाल के वर्षों में विंडरमेयर की संगीतमयी रामलीला शहरियों को ख़ूब मोहने लगी है, राजेंद्रनगर और सदर में होने वाली पर्वतीय समाज की रामलीला भी ख़ास है, मगर बमनपुरी की रामलीला इनमें सबसे अनूठी है।

लोक ने ब्रह्मपुरी को बमनपुरी बना डाला है, कभी यहाँ भीमसैनी सुरमा बनता था। आलोचक मधुरेश अपने पुश्तैनी घर में यहीं रहते हैं, मूंछ वाले हनुमान जी का मंदिर यहीं है और नृसिंह मंदिर भी। खाने-पीने की देसी चीज़ों के कुछ लोकप्रिय ठिकानों के अलावा फागुन में रामलीला भी बमनपुरी की एक और पहचान है। ऐसी परंपरा के बारे में सुनकर भले अजीब लगे पर यह सच है कि बरेली वाले रावण का पुतला साल में दो बार जलाते हैं।

यहाँ होली वाले दिन राजगद्दी निकलती है, जिसमें हुरियारे रंगों के ड्रम और बड़ी-बड़ी पिचकारियाँ लेकर जुटते हैं। होली के दस रोज़ बाद रावण-मेघनाद और कुंभकर्ण के पुतले भी जलते हैं। हालाँकि लीला के मंचन के लिए यहाँ कोई मैदान नहीं है। मंडली के कलाकार नृसिंह मंदिर के परिसर में ठहरते हैं। रामलीला के प्रसंगों के मुताबिक़ मंचन का ठिकाना भी बदलता रहता है – कभी बीच सड़क पर, कभी किसी घर में, मंदिर या दुकान के चबूतरे पर। वैसे बमनपुरी के हनुमान मंदिर, छोटी बमनपुरी और साहूकारा मोहल्ले में भी मंच सजता है।

इस रामलीला की शुरुआत सन् 1861 में हुई। इस अनोखी शुरुआत के बारे में हालाँकि बहुत प्रामाणिक जानकारी नहीं मिलती। इसी मोहल्ले में रहने वाले

साहित्यकार मधुरेश बताते हैं कि वह तो अपने बचपन से ऐसे ही देखते आए हैं। इलाक़ाई इतिहास के विशेषज्ञ सुधीर विद्यार्थी के मुताबिक़ होली के मौक़े पर हुड़दंग रोकने के इरादे से यह पहल की गई थी। वह बताते हैं कि हिन्दू धर्मावलंबियों और कुछ मुस्लिम संतों ने मिलकर हंगामा-हुड़दंग रोकने और सौहार्द बरक़रार रखने की नीयत से यह पहल की और इस तरह रामलीला के मंचन की नींव पड़ी।

मोहल्ले के कुछ लोग भी इस बात से इत्तेफाक़ रखते हैं। अपने बड़ों से उन्होंने सुना था कि अंग्रेज़ अफ़सरों ने रामलीला मंचन रोकने की कोशिश की थी, तो दरगाह-ए-आला हज़रत के सज्जादानशीं ने दख़ल देकर यह रवायत बरक़रार रखने में मदद की। नृसिंह मंदिर में बैठने वाले ज्योतिषी केसरीनंदन का मत है कि कुछ ग्रंथों में रावण के वध का दिन चैत्र सुदी द्वादशी बताया गया है, संभव है कि पुराने लोगों ने इसी आधार पर फागुन के आख़िर में रामलीला के बारे में सोचा होगा।

हालाँकि अब जब यह रवायत इतनी पुरानी हो चुकी है, किसी को यह जानना बहुत ज़रूरी भी नहीं लगता कि आख़िर लीक से हटकर रंगों के दिनों में लीला की यह परंपरा क्यों पड़ी? धार्मिक विश्वास और मान्यताओं के अलावा मोहल्ले के लोगों को इस बात पर भी गर्व होता है कि इस वजह से उनकी ख्याति और पहचान शहर की हदों के बाहर भी बनी है। रामलीला के दिनों में मोहल्ले के साथ ही आसपास का माहौल वक़्त के साथ कुछ बदला ज़रूर है, मगर लोगों की शिरकत और जोश बरक़रार है। काफ़ी लंबी सड़क पर अयोध्या, चित्रकूट और लंका के ठिकाने कभी अलग और दूर-दूर हुआ करते थे।

नृसिंह मंदिर के पास जहाँ राम-लक्ष्मण का सिंहासन सजता, वहाँ अब हलवाई की दुकान खुल गई है। अशोक वाटिका तो ख़ैर अब भी मूंछ वाले हनुमान जी के मंदिर पर ही बनाई जाती है। पूरी रामलीला में तीन प्रसंग बहुत महत्त्व के होते – धनुष यज्ञ, व्यथित दशरथ का देहांत तथा अंगद और रावण बीच संवाद के प्रसंग। कुछ *रामचरितमानस* और *राधेश्याम रामायण* की चौपाइयों का प्रभाव तो कुछ अभिनय और गायकी की कशिश उन दिनों ज्यादा भीड़ की शक्ल में मालूम होती।

बक़ौल मधुरेश, गुज़रा हुआ ज़माना धार्मिक आयोजनों के साथ ही आपसी मेल-मिलाप और धर्म की उदारता की बेहतरीन नज़ीर भी पेश करता था। रामलीला के दौरान हर रोज़ मेला अब भी जुटता है मगर उन दिनों सी रौनक़ अब कहां? तब मेले

का मतलब खान-पान और ख़रीदारी भी हुआ करता था। बच्चों के लिए खिलौने तो महिलाओं की ज़रूरत वाले बिसातख़ाने का सामान लेकर आने वाले अधिसंख्य लोग मुसलमान होते थे। मेले में उनकी बराबर भागीदारी रहती थी।

रावण का बढ़ता क़द

दशहरा के मौक़े पर सुभाषनगर, मॉडल टाउन, जोगी नवादा, हार्टमैन कॉलेज और मढ़ीनाथ पर मेले लगते आए हैं, जहाँ दूर-पास से आए लोगों की भीड़ जुटती है। खेल-खिलौनों और खाने-पीने के बेहिसाब स्टॉल के साथ ही रावण, मेघनाद और कुंभकर्ण के पुतलों को जलते हुए देखने के लिए लोग रुके रहते और आयोजक गोधूलि बेला बीत जाने का इंतज़ार करते ताकि लोग पुतलों में लगी आतिशबाज़ी का भी मज़ा ले सकें। कुछ लोग पुतले जलने के बाद भी रुके रहते हैं ताकि उसकी राख या बची रह गई बाँस की खपच्ची का कोई टुकड़ा साथ ले जाएं। ऐसे लोग मानते हैं कि इसका ताबीज़ बनाकर बच्चों को पहनाने से वे डरते नहीं हैं।

दशमी बीत जाने के बाद रोटरी क्लब की ओर से बरेली क्लब ग्राउंड पर भी एक मेला लगता है, जिसमें हर रोज़ अलग-अलग पुतले जलते हैं। पर यह थोड़ा अभिजात क़िस्म का मेला होता है, जिसमें कवि सम्मेलन, स्टैंड अप कॉमेडी और सौंदर्य व प्रतिभा परखने वाली कई तरह की प्रतियोगिताएं भी होती हैं। मेले में दाख़िल होने का टिकट लगता है। रवायती मेलों की तरह यहाँ की हवा में धूल नहीं, ख़ुशबुओं के झोंके तैरते हैं और भोंपुओं पर किसिम-किसिम के सामान की मौजूदगी के एलान के बजाय गेट पर खड़ी गाड़ियों को हटा लेने का हुक्म गूँजता है।

वक़्त के साथ मेलों की भीड़ हालाँकि हल्की होती गई है, मगर रामलीला कमेटियों में रावण के पुतले का क़द ऊंचा करने की होड़-सी लग गई है। रावण का ऊँचा क़द कमेटी वालों के लिए जैसे रसूख का सवाल बन गया है। प्रतीक के तौर पर जलाए जाने वाले पुतलों की ऊँचाई अब 45-50 फ़ीट तो जैसे तय हो गई है। दो साल पहले अख़बारों में ख़बर आई कि जोगी नवादा की 72 साल पुरानी रामलीला में रावण का पुतला 80 फ़ीट ऊंचा होगा और इसे रिमोट के ज़रिये जलाया जाएगा।

विंडरमेयर की रामलीला

विंडरमेयर की रामलीला कई-कई दिनों तक चलने वाली रामलीलाओं से एकदम मुख़्तलिफ़ है, और सबसे नई भी। 2018 में शुरू हुई नाट्य-शैली वाली यह रामलीला तक़रीबन ढाई घंटे में पूरी भी हो जाती है। शहर के सबसे सक्रिय रंग विनायक रंगमंडल के कलाकार इसका मंचन करते हैं। रंगमंडल के मुखिया डॉ.ब्रजेश्वर सिंह को दिल्ली के श्रीराम भारतीय कला केंद्र की नृत्यनाटिका शैली वाली रामलीला बहुत भाती रही है तो शहरियों को कुछ-कुछ वैसा ही महसूस कराने के लिए उन्होंने रामलीला के इस स्वरूप की कल्पना की। शहर के पुराने और अनुभवी रंगकर्मी अंबुज कुकरेती को उन्होंने इसके निर्देशन की ज़िम्मेदारी सौंपी। अंबुज कुकरेती ने तुलसीदास की *रामचरितमानस*, *राधेश्याम रामायण*, सरदार यशवंत सिंह की *आर्य संगीत रामायण*, छम्मी लाल ढौंडियाल रचित *श्री संपूर्ण रामलीला अभिनय* और *मनका रामायण* के 108 श्लोकों को आधार बनाकर विंडरमेयर की रामलीला की स्क्रिप्ट तैयार की। दानिश ख़ान इस लीला में राम की भूमिका करते हैं, रईस ख़ान दशरथ की, सम्यून कैकेयी का किरदार निबाहती हैं, अजय चौहान रावण और हनुमान के स्वरूप में ब्रजेश तिवारी दर्शकों को ख़ूब जँचते हैं, सूत्रधार पंकज मौर्य गा-गाकर लीला के प्रसंगों को जोड़े रखते हैं। कौशल किशोर और उनके साथियों का गायन, उनकी संगीत रचना और आम बोलचाल की हिंदुस्तानी ज़बान वाली इस रामलीला में कुछ जगहों पर संवाद गीत की शक्ल में भी आते हैं। सरदार यशवंत सिंह वर्मा की *आर्य संगीत रामायण* से लिए कुछ संवादों की यह बानगी देख सकते हैं। स्वंयवर के मौक़े पर वीरों से हताश जनक का एक संवाद है –

हाय अफ़सोस दुनिया में कोई बशर
अब बहादुर मुझे नज़र आता नहीं
होता मालूम पहले से मुझको अगर
तो कभी मैं स्वयंवर रचाता नहीं।

और रावण की सभा में पकड़कर लाए गए हनुमान की ललकार और चुनौती की यह अभिव्यक्ति,

चंद दिनों में होगी ये चर्चा
वो दिन भी नज़दीक आ रहा है
कहेगी ये दुनिया देखो ओ लोगों
जनाज़ा वो रावण का जा रहा है।

और भरत के आने की ख़बर सुनकर वनवासी राम का क्रुद्ध लक्ष्मण को दिया गया यह जवाब ज़बान के लिहाज़ से अलग बानगी है,

चाहे मृग दे पछाड़ पंचानन को खगपति का सर्प विनाश करे,
हीरे को छेदे पुष्पकली दिनकर को चंद्र प्रकाश करे
पश्चिम में उदय दिवाकर हो पूरब में जाकर छिप जाए
पर मैं जानूँ भाई भरत मेरा भाई से लड़ने ना आए।

चौबारी का मेला

जाड़े के दिनों में जब सुबह-शाम कुहासा उतरने लगता है, सड़कों पर बैलगाड़ियों-ट्रैक्टर ट्रालियों की बढ़ती आमदरफ़्त इस बात का इशारा होती है कि चौबारी मेला शुरू होने को है। गुज़रे दिनों में सिर्फ़ बैलगाड़ियाँ होती थीं और बैलों के गले में बंधी घंटी की टन-टन और पहियों की चरर-मरर रातों में भी सुनाई देती थी। इधर ट्रैक्टर के फट्-फट् फटर-फटर के शोर में वह पुरानी लय गुम हो गई है। चौबारी रामगंगा के किनारे का गाँव है, कार्तिक पूर्णिमा के मौक़े पर रामगंगा के किनारे जुटने वाले मेले को बोलचाल में चौबारी मेला ही कहा जाता है।

कई रोज़ पहले से गाँव-देहात के लोग पहुँचने लगते हैं, किसिम-किसिम के सामान लेकर तिजारती भी आने लगते हैं, गुज़रे ज़माने में नौटंकी, सर्कस और जादूगर भी आकर यहाँ डेरा डालते, पड़ाव के लिए तंबुओं का छोटा-मोटा शहर बस जाता है। गंगा नहाने के साथ ही खेती-बाड़ी और घर की ज़रूरतों के सामानों की ख़रीदारी और महिलाओं को अपनी ब्याहता बेटियों से मिल लेने का उत्साह भी यहाँ खींच लाता। बहुतेरे लोगों को मेले के नख़्ख़ासे का साल भर इंतज़ार रहता, ख़ास तौर पर बढ़िया नस्ल के घोड़ों के शौक़ीनों को। नख़्ख़ासे में आए घोड़ों के मालिक जब उनकी ख़ूबियों

का प्रदर्शन करने के लिए उन्हें दौड़ाते तो बेहिसाब धूल उड़ती, मगर उन्हें देखने के लिए जुटी भीड़ उस ख़ाली जगह के दोनों तरफ़ दूर तक जमा रहती। हालाँकि ख़रीद-फ़रोख़्त के लिए यहाँ बैल भी आते मगर नाम-दाम की वजह से शोहरतें घोड़ों के ही हिस्से में ही आतीं।

महवे-ए-ग़म मुहर्रम-दारी

कहते हैं कि बरेली की मुहर्रम-दारी ख़ास है, इतनी ख़ास कि रोज़ी-रोज़गार के सिलसिले में दिल्ली, मुंबई, हैदराबाद, बेंगलुरु और अहमदाबाद जैसे दूरदराज़ के शहरों में रहने वाले बरेलवी सिर्फ़ मुहर्रम की ख़ातिर शहर लौट आते हैं। तख़्त-ताज़ियों और अलम की साफ़-सफ़ाई करने, उनकी ज़रूरी मरम्मत का सिलसिला और पहले से शुरू हो जाता है और एक बड़े तबक़े पर ख़ास तरह का अनुशासन भी तारी हो जाता है। सोगवार शिया साहेबान काले कपड़ों में और अहले-नियाज़िया फ़क़ीरी हरे रंग की पोशाक में दिखाई देते हैं, ख़ानकाहों में राग-रंग की महफ़िलें थम जाती हैं और मोमिन हुसैन की शहादत की याद में डूब जाते हैं।

तक़रीबन सभी मोहल्लों में ताज़िये लोगों को देखने के लिए सजाकर रख दिए जाते हैं और फिर मुहर्रम की दस तारीख़ को शुहदा-ए-कर्बला को याद करते हुए जुलूस की शक़्ल में कर्बला तक ले जाए जाते हैं, वापस लौटते हुए ये सभी सफ़ेद चादरों से ढंके हुए होते हैं।

बरेली वाले ताज़िये को तख़्त ही कहते आए हैं और उनकी शोहरत भी इसी नाम से है। मुमकिन है कि ताज़िये रखे जाने के लिए इस्तेमाल होने वाले तख़्त को ही अवाम ने यह पहचान दे दी हो। और शहर में जितने पुराने और मशहूर तख़्त हैं, उनमें से ज़्यादातर कारीगर तबक़े के नाम पर हैं। यही वजह है कि ये तख़्त दूसरे शहरों के ताज़ियों से काफ़ी हद तक अलग और ख़ासे भव्य हैं। मसलन बढ़इयों का तख़्त, लकड़ी पर बेहद नफ़ीस मीनाकारी का नमूना है और इसकी ख़ूबी वे कई खिड़कियां भी हैं, जो एक के बाद एक खुलती चली जाती हैं। राजों वाला तख़्त, राजगीर बिरादरी के लोगों का शुरू किया हुआ है और लकड़ी के काम वाला यह तख़्त किसी बंगले या कोठी का आभास देता है।

भिश्तियों वाले दो तख़्त हैं, एक बड़ा और एक छोटा और चूंकि कर्बला में शहीद

हुए लोगों को पानी मयस्सर न हो सका था तो भिश्तियों वाले तख़्त में सबील का तसव्वुर है, उसमें पानी का फव्वारा छूटता रहता है। भिश्ती (बहिश्ती) के काम की ज़रूरत तो जाने कब की ख़त्म हो चुकी मगर उनके पेशे का नाम इस तरह भी बचा हुआ है। यों उस एक रोज़ कुछ भिश्ती कर्बला में ज़रूर मिल जाते हैं। हाँ, उनकी मशक अब चमड़े के बजाय ट्रक या बस की ट्यूब से बनी होती है। ये तख़्त इस बात की नज़ीर भी हैं कि कर्बला के वाक़ये से कारीगर तबक़ा किस हद तक मुतअस्सिर रहा है।

तख़्त के नामों की लंबी फ़ेहरिस्त है – जोगियों वाला तख़्त, शेख़ों का तख़्त, हड्डी वालों का तख़्त, घोसियों का तख़्त, शेरख़ान का तख़्त, हब्बू ठेकेदार का तख़्त, इक़बाल का तख़्त, नब्बू का तख़्त वगैरह। मगर याद रखने के लिए नाम देने के अवाम के हुनर का भी जवाब नहीं। एक तख़्त है, जो जले-भुने का तख़्त कहलाता है। साठ साल पहले हजियापुर से यह तख़्त दरअसल सलमान ने उठाना शुरू किया था। एक बार किसी हादसे में वह जल गए थे इसलिए वह जले भाई के नाम से मशहूर हो गए। और जब उन्होंने तख़्त उठाना शुरू किया तो उनके तख़्त को यही नाम मिल गया।

ख़ानक़ाह-ए-नियाज़िया की ख़ुसूसियतों में एक मुहर्रम का महीना भी है। ख़ानक़ाह में नियमित होने वाली कव्वाली महीने भर को मुल्तवी हो जाती है, मुहर्रम की बारह तारीख़ तक चौबीस घंटे लंगर चलता रहता है, सालन की देग़ चढ़ी रहती हैं, तंदूर गर्म रहते हैं ताकि कोई भी भूखा न लौटने पाए। रोटियों के, रुपयों के, बर्तनों के लंगर तक़्सीम होते रहते हैं और ख़ानक़ाह से सटे इमामबाड़े में अक़ीदतमंद सज्दे में दिखाई पड़ते हैं। यहाँ से दो जुलूस निकालने की रवायत रही है।

पहला जुलूस छह मुहर्रम की शाम को तख़्त-ताज़ियों और अलम की नज़र और सलामी के बाद शुरू होता है, जो तक़रीबन पूरे शहर से होकर गुज़रता है, रात को गुलाबनगर बजरिया में ठहर कर अगले रोज़ दोपहर तक लौटता है। जुलूस की तैयारियों के दौरान ख़्वाजा कुतुब की गलियाँ ढोल और नगाड़ों की आवाज़ से गूँज उठती हैं। कितने ही घरों में जहाँ मन्नत के ताज़िये रखे जाते हैं, वहाँ जाकर ये ढोलची बजाते हैं और बख़्शीश पाते हैं।

दूसरा जुलूस दस तारीख़ की सुबह ख़ानक़ाह से रवाना होकर कर्बला जाता है। ख़ानक़ाह के मुन्तज़िम मरहूम शब्बू मियाँ बताया करते थे कि कर्बला में उनके बुज़ुर्गों

की मन्नत की सबील लगती है, जहाँ पूरे दिन पानी, शरबत और शाम को तबर्रूक (प्रसाद) बाँटा जाता है।

मोहर्रम की दस तारीख़ यानी यौम-ए-आशूरा की रात को शहर के कई इमामबाड़ों में शाम-ए-ग़रीबां की मजलिसें होती हैं, इनमें छीपी टोला के इमामबाड़ा फ़तेह अली शाह, काला इमामबाड़ा, क़िला सब्जी मंडी के सामने नवाब नब्बू साहब की कोठी, गढ़ैया में इमामबाड़ा हकीम आगा साहब और इमामबाड़ा वसी हैदर शामिल हैं। ग़रीबां अरबी का शब्द है, जिसके मायने मुसाफ़िर या बेवतन से है और मुसाफ़िर की यह उपमा इमाम हुसैन के ख़ानदान के उस वक्त के लिए इस्तेमाल की जाती है, जब कर्बला में ख़ेमा बनाकर वे क़याम कर रहे थे।

इस मजलिस के दौरान मंज़र यह होता है कि पूरे इमामबाड़े में अंधेरा कर दिया जाता है और ज़ाकिर (तक़रीर करने वाले मौलाना) कर्बला की दसवीं मुहर्रम की रात की मंज़रकशी करते हैं, सुनने वाले भावुक होकर ज़ार-ओ-क़तार रोने लगते हैं। पूरा इमामबाड़ा, या हुसैन ... की सदाओं से गूंज उठता है। लोग मातम करने लगते हैं। कहीं-कहीं मर्सियाख़्वानी भी होती है, जिसमें जंग के उस मंज़र को अंजुमनों के मेंबरान सामूहिक रूप से क़लाम व अशआर में भी बयान करते हैं।

मेल्टिंग पॉट

अलग-अलग संस्कृतियों और समाजों के जिस तरल मेल से समाजशास्त्री 'मेल्टिंग पॉट' का रूपक गढ़ते हैं, बरेली वाले उसकी परिभाषा वगैरह जाने बग़ैर उसे जीते चले जाते हैं। जाति-बिरादरी, समाज-संस्कृति के हवाले से आप जिन्हें भी याद कर सकें, कमोबेश उन्हें बरेली में पाएंगे। कुमाऊंनी, गढ़वाली, पंजाबी, सिंधी, मराठी, उड़िया, बिहारी, बंगाली, तमिल, तेलुगू, कन्नड़ मूल के बाशिंदे भी यहाँ के शहरी हैं, कई जनजातियों के लोग और कभी दो पारसी परिवार भी यहाँ आबाद रहे।

एक दौर था कि शहर में तैनाती पाने वाले अफ़सर यहाँ की आबोहवा और पुर-सुकून माहौल से इतने प्रभावित होते कि सेवानिवृत्ति के बाद बरेली में बसने का इरादा करके ही तबादले पर कहीं और जाते। और शहर का ऐसा सार्वभौमिक किरदार गढ़ने में कुछ संस्थानों की भी अहम भूमिका रही है। फ़ौज की बड़ी छावनी और वायुसेना का

त्रिशूल एयरबेस, भारतीय पशु अनुसंधान संस्थान (आईवीआरआई), भारतीय पक्षी अनुसंधान संस्थान (सीएआरआई), आइज़ेटनगर रेलवे डिविज़न, पूर्वोत्तर रेलवे की वर्कशॉप और इफ़्को फ़ैक्ट्री के साथ ही डेढ़-दो दशकों में शुरू हुए मेडिकल कॉलेज, इंजीनियरिंग कॉलेज और प्रबंधन की पढ़ाई कराने वाले संस्थानों-विश्वविद्यालयों की वजह से यह संभव हुआ है। देश के अलग-अलग हिस्सों से आने वाले लोग अपनी तहज़ीब भी साथ लाए। और उन तहज़ीबों के कितने ही रंग शहरियों की ज़िंदगी में घुलते-मिलते रहे हैं।

और कम सेप्टम्बर

बाक़ी तीज-त्योहारों और उत्सवों की तरह शादी-ब्याह का वक़्त भी मुकर्रर होता ही है, मगर दिलचस्प बात है कि ब्याह का मुहूर्त चाहे जो निकले, बारात में बैंड कोई सा बुलाया गया हो, ज़िक्र-ए-सितंबर ज़रूर आता है, वैसे ही जैसे कि 'ये देश है वीर जवानों का ...' या 'बहारों फूल बरसाओ, मेरा महबूब आया है ...'।

साठ बरस पहले बॉबी डारन ने जब यह गाना कंपोज़ किया होगा तो सपने में भी उन्हें ख़्याल न आया होगा कि बरेली वालों की शादियाँ इसके बग़ैर पूरी न होंगी। नए-पुराने पंजाबी गानों पर जी भर के नाच चुके, सड़क पर लोट-लोटकर नागिन डाँस कर चुके तमाम बारातियों के बीच एकाध सयाना ऐसा ज़रूर निकल आता है, जो बैंड मास्टर के क़रीब जाकर 'कम सेप्टेम्बर' की याद दिला आता है। बारातों में इसे थीम सॉन्ग का दर्जा हासिल है। फिर दुल्हन के दरवाज़े के क़रीब पहुँचते-पहुँचते बैंड मास्टर को भी कुछ याद आ जाता है तो अचानक सबको ख़ामोश करके वह माइक पर ज़ोर से एलान करता है – टक़ीला!! भारी इको के साथ यह एक लफ़्ज़ देर तक हवा में गूँजता है। और फिर उसके बाद का नज़ारा देखकर अनुभूत करने से ताल्लुक रखता है, इसे शब्दों में बयान कर पाना थोड़ा मुश्किल है। यह धुन एक तरह से यज्ञ की पूर्ण आहुति सी होती है।

9. कैसा जादू है समझ आता नहीं

दिल्ली या फिर मुंबई से आने वालों, ख़ासतौर पर अंग्रेज़ी वाले अख़बारनवीसों की ठसक (कमज़ोरी) यह होती है कि अपने शहर के बाहर देश भर को वे गाँव ही समझते हैं। बरेली भी उनके लिए 'स्मॉल टाउन' ही है। ऐसे विशेषण के दुमछल्ले से पैदा होने वाले एहसास-ए-कमतरी से निजात पाने के लिए शहरियों को एक ही हिकमत आती है, अपनी छोटी-मोटी उपलब्धियों को ख़ूब तानकर बड़ा कर लेने की। इस खींचतान में, जो अपना नहीं है, उस पर भी वे हक़ से काबिज़ हो लेते हैं। फिर वे इसे गाते-गुनगुनाते हैं, इतराते हैं और बरसों-बरस तक इसका मज़ा लेते रहते हैं। तो इसी 'स्मॉल टाउन' के अंग्रेज़ अफ़सरों और फ़ौजियों के लिए 1889 में बना एक क्लब है – बरेली क्लब। आज़ादी के बाद ग़ैर-फ़ौजी भी इस क्लब के सदस्य होने लगे मगर इंतज़ाम अब भी फ़ौज के लोग ही देखते हैं।

क्लब में 'मई क्वीन' नाम से एक मुक़ाबला होता है। यह बात 1999 की है, जब प्रियंका चोपड़ा ने यह मुक़ाबला जीता। बरेली में तैनात सर्जन लेफ़्टिनेंट कर्नल अशोक चोपड़ा और डॉ. मधु चोपड़ा की बेटी प्रियंका कुछ अर्सा पहले तक बोस्टन में अपनी मौसी के पास रहकर पढ़ने के बाद लौटी थीं और यहाँ आर्मी स्कूल में पढ़ाई कर रही थीं। 'मई क्वीन' मुक़ाबला हर साल होता है मगर उस बरस की 'मई क्वीन' की चर्चा लंबे समय तक अख़बारों और शहरियों में होती रही।

चोपड़ा दंपति से मेरी दोस्ती थी तो हम तमाम तरह के मौज़ू पर बात कर लेते। कुछ महीने बाद की बात है, आईएमए में चल रही एक दावत में मिल गए अशोक चोपड़ा। मुझे लेकर बाहर की तरफ़ आ गए, अपना गिलास एक तरफ़ रखते हुए उन्होंने कहा, 'मैं तुम्हें एक स्कूप दे रहा हूँ। मिमी (प्रियंका) इज़ गोइंग टु बी नेक्स्ट मिस इंडिया।' मैं हैरान था क्योंकि मेरे फ़ौजी दोस्त को शराब कभी चढ़ती नहीं थी और यूं भी दूसरा गिलास उन्होंने अभी भरा ही था। उन्होंने ही बताया कि प्रियंका के साथ मधु मुंबई में हैं। फ़ेमिना के ही एक फ़ोटोग्राफ़र ने प्रियंका का नया पोर्टफ़ोलियो बनाया है, अब वह मिस इंडिया मुक़ाबले की तैयारी में जुटी हुई है।

उनकी भविष्यवाणी बिल्कुल सच निकली। प्रियंका ने मिस इंडिया का ख़िताब सचमुच जीत लिया। और जब मिस वर्ल्ड के ख़िताबी मुक़ाबले में लिविंग लेजेंड के तौर पर मदर टेरेसा का नाम लेने के बावजूद ताज उनके माथे पर सजा तो मुबारकबाद क़बूल करने के बाद फ़ोन पर ठहाका लगाते हुए अशोक चोपड़ा ने पूछा था, 'अच्छा, सच बताना यार कि तुम मिस वर्ल्ड के चाचा कहलाना पसंद करोगे या मामा!' प्रियंका को मिला यह रुतबा बरेली वालों के लिए इतराने की नई वजह बन गया। शहर आने पर फ़ौज की बग्घी में बैठाकर उन्हें सिविल लाइंस में घुमाया गया, जगह-जगह स्वागत समारोह हुए। फ़ेमिना मिस इंडिया मुक़ाबले के लिए भेजा गया उनका पोर्टफ़ोलियो तैयार करने वाले शहर के फ़ोटोग्राफ़र रोहित सूरी ने प्रियंका का ज़िक्र करते हुए देश के कई नामचीन अख़बारों में पहले पन्ने पर अपने स्टूडियो का विज्ञापन दिया। दिल्ली से दो-एक टीवी चैनल वाले रोहित का इंटरव्यू करने बरेली तक चले आए।

किप्स ने प्रियंका की पसंदीदा बर्फ़ी का नया नामकरण उनके नाम पर कर डाला, चमन चाट वाले ने अघोषित ब्रांड एम्बेसडर मानकर अपने ठेले को उनकी तस्वीरों से सजा लिया। यह वाक़या अब चौबीस साल पुराना हो चुका है। प्रियंका और उनके घर वाले यहाँ का अपना घर और कस्तूरी अस्पताल छोड़कर जाने कब के मुंबई वाले हुए, मगर शहरियों पर इसका ख़ुमार अब तक बाक़ी है – 'नथिंग सक्सीड्स लाइक सक्सेस'।

मुंबई में अगर आप मानव कौल, कुमुद मिश्रा या घनश्याम लालसा में से किसी से पूछ लेंगे, तो वे बरेली कैंट में उस घर तक पहुँचने का नक्शा बनाकर आपको दे सकते हैं, जो उनके पिता का फ़ौजी आवास था और किशोरवय प्रियंका जहाँ अपने कुनबे के साथ रहती थीं। उनको यह घर याद हो जाने की वजह नवीन कालरा हैं, जो विंडरमेयर थियेटर फ़ेस्टिवल के दौरान बरेली आए हर कलाकार को अगर कैंट के किसी डाक बंगले में ठहराने ले जाते हैं तो रास्ते में उस घर की तरफ़ इशारा करके यह जानकारी साझा करना बिल्कुल नहीं भूलते हैं।

अभी पिछले बरस की बात है, तस्नीम भाई ने फ़ोन किया कि कोई बंबइया अख़बारनवीस उनके पास आए हैं, जिन्हें उस मिस्त्री के ठिकाने की तलाश है, प्रियंका चोपड़ा जहाँ अपनी स्कूटी का पंक्चर ठीक कराने जाती थीं। बहुत समझाने और बहाने बनाने से भी निजात मिलती नहीं दिखाई दी। उस शोधार्थी की इस सिनॉप्सिस पर हँसने

के सिवाय कुछ और नहीं किया जा सकता था। मैंने सुझाया कि उन हज़रत को चमन के ठेले पर भेज दें।

वैसे तो दिशा पाटनी, हिबा नवाब, मीरा मिश्रा, पारस अरोड़ा, लवीना खानचंदानी, सृष्टि माहेश्वरी और बरेली से निकले कितने ही कलाकार हैं, जो छोटे-बड़े पर्दे पर दिखाई देते रहे हैं, मगर प्रियंका चोपड़ा की बात ही कुछ और है, उन पर जैसा हक़ बरेली का है, जमशेदपुर का भी नहीं, जहाँ उनका जन्म हुआ। उनके ब्याह की दावत में शिरकत करने गए बरेलवियों को लौटने के बाद अपने ही लोगों की ईर्ष्या का शिकार होना पड़ा था।

बहेड़ी के बाशिंदे और मुंबई में समाजवादी पार्टी के नेता फ़हद अहमद और स्वरा भास्कर का ब्याह इसी सिलसिले की ताज़ा कड़ी है। बहेड़ी की बहू का ओहदा तो ख़ैर लाज़िमी था, बरेली में उनके वलीमे में मुबारकबाद देने के लिए इतने मेहमान जुटे कि मंच पर बाक़ायदा लाइन लगानी पड़ी और कुछ को तो सिफ़ारिश भी।

अमिताभ बच्चन पर शहर के हक़ की वजह भी कम दिलचस्प नहीं है। बरेली कॉलेज में अंग्रेज़ी के शिक्षक ज्ञानप्रकाश जौहरी की हरिवंश राय बच्चन से गहरी मैत्री थी। उनकी पत्नी प्रेमा जौहरी लाहौर के जिस कॉलेज में प्रिंसिपल थीं, तेजी सूरी वहीं मनोविज्ञान पढ़ाती थीं। तो एक बार तेजी सूरी उनके साथ बरेली चली आईं और यहाँ उनके घर पर ठहरीं। बच्चन जी पहले से वहाँ रुके हुए थे। तो बच्चन जी और तेजी सूरी की मुलाक़ात और अपने घर में उनकी सगाई का ज़रिया ज्ञानप्रकाश जौहरी ही बने थे।

सो यहाँ कोहाड़ापीर के शाहबाद मोहल्ले में एक अमिताभ बच्चन फ़ैन्स क्लब (रजिस्टर्ड) भी है। इस क्लब के कर्ताधर्ता जावेद अंसारी अभी कुछ बरस पहले मुंबई जाकर अमिताभ बच्चन को एक तस्वीर भेंट करके आए, जिस पर हरिवंश राय और तेजी बच्चन के साथ ही अमिताभ बच्चन की छवि बनी हुई है। और तो और 2020 में उन्होंने अमिताभ बच्चन जननायक राष्ट्रीय पार्टी के नाम से एक राजनीतिक संगठन भी बना डाला। बक़ौल जावेद, पार्टी बनाने के लिए अमिताभ बच्चन ने उन्हें ज़बानी मंज़ूरी दे दी थी।

ज़माने पहले से ही सिल्वर स्क्रीन शहरियों के लिए नशे की मनपसंद ख़ुराक रहा है। सन् '81 की बात है, फ़िल्म 'कालिया' देखने पहुँचे लोगों ने देखा कि प्रसाद टाकीज़ में दाख़िल होने के रास्ते पर कुर्सी डाले जो शख़्स बैठा था, वह तो कॉलेज रोड

पर स्टूडियो चलाने वाले राना हैं, जो स्टूडियो से ज़्यादा शहर की सड़कों पर अपनी येज़्दी से फर्राटा भरते दिखाई देते हैं। लंबा क़द, बलिष्ठ काया, कठोर और भारी-भरकम चेहरे पर लहराते लंबे बाल – उनका पूरा हुलिया हॉलीवुड के किसी विलेन जैसा मालूम होता। ख़ैर, फ़िल्म देखने के बाद लोगों को वहाँ उनकी मौजूदगी की वजह समझ में आई। दरअसल, फ़िल्म में अमजद ख़ान गैंग के गुंडे की हैसियत वाली एक छोटी-सी भूमिका उन्होंने भी की थी, अमिताभ बच्चन, परवीन बॉबी और प्राण के हाथों ख़ूब मार खाई थी और दो शब्दों का एक संवाद भी उनके हिस्से आया था – उस तरफ़। जिन लोगों ने बाहर निकलकर ग़ौर किया, उन्होंने यह भी देखा कि सिनेमाघर की इमारत पर टंगे पोस्टर में फ़िल्म की बाक़ी की कास्ट के आख़िर में हाथ से लिखा हुआ एक और नाम चमक रहा था – राना बरेलवी।

हंसल मेहता की 'अलीगढ़' और अनुराग कश्यप की 'मुक्काबाज़' की बरेली में शूटिंग और इन फ़िल्मों में कुछ स्थानीय कलाकारों को मिली भूमिकाओं का हल्ला दूर तक और देर तक रहा।

कमाल की शोहरतों के मालिक

शहर में एक शख़्स हुआ करते थे – कमाल भाई। सिविल लाइंस में हनुमान मंदिर के पीछे उनकी वर्कशॉप हुआ करती थी। ऑटोमोबाइल में दिलचस्पी रखने वालों के लिए वह नई-पुरानी जानकारियों का मज़ेदार अड्डा हुआ करता था। कमाल भाई ने लेलेंड मोटर्स की नौकरी छोड़कर यह वर्कशॉप खोली थी। विंटेज कारों में उनकी दिलचस्पी थी, और यही उनकी आजीविका भी थी। सो उनके पास ऐसी कारों का छोटा-मोटा ज़ख़ीरा भी हुआ करता था – 1889 मॉडल की हम्बर, 1924 मॉडल की फ़िएट और एक बेहद ख़ास स्टूडेबेकर भी थी, जिसे वह किसी क़ीमत पर बेचने को तैयार नहीं होते थे। उनके *आगे नाथ न पीछे पगहा* तो पाँच किलोमीटर का माइलेज देने वाली स्टूडेबेकर चलाने में महँगी होने के बावजूद उनकी शान थी। बहुत अर्से तक उधर जाना न हुआ, फिर किसी ने बताया कि कमाल भाई नहीं रहे। यह भी मालूम हुआ कि वह स्टूडेबेकर 1999 में ही बिक गई थी। बक़ौल जयदीप लुनियाल, पुरानी गाड़ियों के शौक़ के बारे में पूछने पर एक बार कमाल भाई ने उनसे कहा था – इस शौक़ ने ही मुझे बनाया और इसी ने मुझे बर्बाद किया।

सन् 1930 के मॉडल वाली छह सिलिंडर की इस स्टूडेबेकर (यूएसएफ़ 73) को उन्होंने 'किलर' नाम दिया था। बनारस से साढ़े दस हज़ार रुपये में ख़रीदकर वह उसे ट्रक में लादकर बरेली लाए थे, दो साल तक मेहनत करके उसे फिर से चलने लायक़ बनाया। उनकी 'किलर' कितनी ही विंटेज कार रैलियों की शान होती, ट्राफ़ियाँ और इनाम जीतकर लौटती और अलग-अलग वजहों से दुनिया भर की पत्र-पत्रिकाओं में उसका ज़िक्र हुआ करता। 'किलर' से कमाल भाई के लगाव और लाड़ का अंदाज़ इस बात से लगा सकते हैं कि दो से ज्यादा लोगों को कभी उसमें बैठने न दिया।

वह बताते कि यह वही कार थी, जिसका 30 जनवरी 1948 को नाथूराम गोडसे ने बिरला हाउस पहुँचने के लिए इस्तेमाल किया था। महात्मा गांधी की हत्या के बाद पुलिस ने इसे ज़ब्त कर लिया था, मुक़दमा ख़त्म होने के बाद जब यह नीलाम हुई तो बनारस के एक एंग्लो-इंडियन शख़्स सनी केलब इसे ख़रीदकर ले गए। कमाल भाई ने उन्हीं से ली थी। सुना है कि कमाल भाई से यह कार दिल्ली में हीरे के कारोबारी किसी सिद्दीक़ी परिवार ने ख़रीद ली।

बड़ा बाज़ार में 'एक दाम वाले' कपड़ों की एक दुकान है – काका स्टोर। गुजरांवाला में जन्मे और बँटवारे के बाद बरेली आ गए काका जोगिंदर सिंह गोल्ड मेडलिस्ट थे और उस दुकान के मालिक हुआ करते थे। पजामा-क़मीज़ पहने काका साइकिल के हैंडिल पर दोनों तरफ़ बड़े-बड़े झोले लटकाए हुए शहर की सड़कों से गुज़रते तो उनके सौम्य चेहरे पर लंबी दाढ़ी हवा में लहराती और रास्ते में कितने ही हाथ सलाम के लिए उठ जाते। 'धरती पकड़' के तौर पर उनकी शोहरत ही ऐसी थी।

सन् 1962 के बाद से देश भर में जहाँ कहीं चुनाव की घोषणा होती, काका पर्चा भरने पहुँच जाते। उन्होंने तक़रीबन साढ़े तीन सौ चुनाव लड़े और हर बार उनकी ज़मानत ज़ब्त हुई। लोगों से वह ख़ुद ही कहते कि उन्हें वोट न दें, ज़ाया होगा। हाँ, चुनाव वह हमेशा निर्दलीय ही लड़ते थे।

चुनाव के दिनों में जब कहीं बाहर से लौटते तो अपना झोला उठाए दफ़्तर चले आते और गेट से ही मेवा-मिश्री, इलायची, रेवड़ी बाँटते हुए आते, फिर पूरे न्यूज़रूम को उनका यह प्रसाद मिलता। हमें दिखाने के लिए कई बार उनके पास कन्नड़ या तमिल या तेलुगू के अख़बारों में छपी ख़बरें रहतीं, जिसमें उनकी फ़ोटो भी छपी होती। वे ख़बरें तो हम पढ़ नहीं पाते थे तो चंद्र प्रकाश शुक्ल उनसे पूछते – अबकि

कहाँ-कहाँ से चुनाव से लड़ रहे हैं काका! वो झट से जवाब देते – लड़ते तो बदमाश हैं बेटा। हम तो चुनाव में खड़े हो रहे हैं। हम अगर उनसे चाय पीने के लिए पूछ लेते तो कहते कि तुम भी मत पिया करो। पीना है तो दूध पियो, लस्सी पियो, चाय भी कोई पीने की चीज़ है।

यह 1992 की बात है, जब लोगों ने देखा कि काका अपनी साइकिल पर अकेले नहीं हैं, बल्कि उनके आगे और पीछे दो बंदूकधारी भी सवार हैं। मालूम हुआ कि काका ने राष्ट्रपति और उपराष्ट्रपति के चुनाव में पर्चा भर दिया है और ये 'शैडो' उनकी उम्मीदवारी के चलते उन्हें दिए गए हैं। वह दफ़्तर आए तो हम हैरान थे कि इतनी बड़ी उम्र में दो लोगों को बैठाकर वह साइकिल कैसे चला लेते हैं। उनसे पूछा तो बोले – मैंने तो बहुत मना किया बेटा कि मुझे गनर-वनर नहीं चाहिए। मेरी किसी से दुश्मनी थोड़े ही है, फिर कोई मुझे नुक़सान क्यों पहुँचाएगा, मगर अफ़सरों ने मेरी बात ही नहीं मानी और इन बेचारों को भेज दिया। अब मैं चलता हूँ साइकिल से, तो ये बेचारे मेरे पीछे दौड़ेंगे थोड़े ही, तो इन्हें भी बैठा लेता हूँ। देखो, एकाध रोज़ में कुछ बंदोबस्त करता हूँ। कुछ रोज़ सुरक्षा कर्मचारियों को नई साइकिलों पर उनके दाएं और बाएं चलते हुए देखा गया।

राष्ट्रपति के चुनाव में उन्होंने डॉ. शंकर दयाल शर्मा और उपराष्ट्रपति के चुनाव में के. आर. नारायणन के मुक़ाबले पर्चा भरा था। राष्ट्रपति के चुनाव में तो दो उम्मीदवार और भी थे, मगर उपराष्ट्रपति का चुनाव तो सिर्फ़ इसलिए कराना पड़ा कि काका भी दावेदार निकल आए थे। इस चुनाव में उन्हें एक वोट मिला, जो ख़ुद उन्हीं का था।

काका ने तो चुनाव हारने का रिकॉर्ड बनाकर 'धरती पकड़' की ख्याति पाई, पर बिच्छा ख़ाँ क़ब्रिस्तान में ज़मीन का एक टुकड़ा ऐसा है, जहाँ तक़रीबन पचास लोग हर रोज़ सचमुच धूल चाटने के लिए ही जुटते हैं। यह गुलाब अखाड़ा है माने गुलाब पहलवान का अखाड़ा। डीह (राजस्थान) के ख़िताबी पहलवान गुलाब के बरेली आने के बाद शुरू हुआ यह अखाड़ा क़रीब सौ बरस पुराना है। गुलाब उस्ताद तो 1984 में गुज़र गए, मगर उस्ताद अज़ीज़ ख़ाँ ने उनकी यह रवायत बचा रखी है। बताते हैं कि बरेली में कभी चालीस अखाड़े हुआ करते थे। ख़लीफ़ा पप्पू पहलवान से इस बारे में पूछा तो मालूम हुआ कि अब तो सिर्फ़ दो ही रह गए हैं। एक और बजरंग अखाड़ा है, जो धोपेश्वरनाथ मंदिर के परिसर में चलता है। बस।

कुछ बरस पहले भूड़ के इलाक़े में रिक्शा-आर्ट बनाने वाले नदीम को खोजते हुए नवाब शफ़्फ़न ख़ाँ से मुलाक़ात हो गई। उनके नाम के साथ नवाब इसलिए जुड़ा हुआ था कि वह रुहेला नवाब ख़ान बहादुर ख़ान के वंशज थे। इकहरी काया और छोटे क़द के नवाब शफ़्फ़न उस वक़्त नमाज़ पढ़ने जा रहे थे, पर उन्होंने अपने घर आने की दावत दी और वायदा किया कि पुरखों के बारे में जो कुछ काग़ज़-किताबें उनके पास हैं, ज़रूर दिखाएंगे। उनसे मिलकर उनकी ज़िंदगी की दुश्वारियों के बारे में भी सुनना-जानना चाहता था, नहीं हो सका। तीन बरस पहले उनका इंतिक़ाल हो गया।

कोहाड़ापीर पेट्रोल पम्प के सामने जो रास्ता भूड़ को जाता है, उसमें ज़रा-सा आगे बढ़ने पर साइकिल की मरम्मत और पंक्चर जोड़ने का जो छोटा-सा ठिकाना हुआ करता था, दरअसल वही नवाब शफ़्फ़न की आजीविका का ज़रिया था। कभी एक ख़बर पढ़ी थी कि औरंगज़ेब के वंशज बनारस में चाँदी के वर्क बनाने का काम करते हैं। हाथ से वर्क बनाने पर सरकारी पाबंदी लगने के बाद कौन जाने ज़िंदगी बसर करने को कौन-सा हुनर अपनाया होगा। कुछ साल पहले बरेली में जिला मजिस्ट्रेट रहे वीरेंद्र कुमार सिंह को जब नवाब शफ़्फ़न के हाल के बारे में मालूम हुआ तो उन्होंने उनकी बेटी की पढ़ाई का कुछ मुस्तक़िल बंदोबस्त ज़रूर कर दिया था।

जंगल चौकी का इंचार्ज

कुछ ऐसे शहरी भी हुए, जो अपने निरालेपन की वजह से पहचाने गए। बढ़ी हुई दाढ़ी और कंधे पर चिकट झोले में अपनी कुल गृहस्थी लादे मेथोडिस्ट चर्च या चौकी चौराहा पार्क के आसपास बैठे मिल जाने वाले उन ख़ामोश बुज़ुर्ग के बारे में मालूम करने पर पता चला कि वह मोहनलाल थे। कभी पोस्टमैन हुआ करते थे, अपने हँसमुख स्वभाव की वजह से बहुत लोकप्रिय पोस्टमैन, घरेलू कलह और फिर नौकरी से निकाल दिए जाने के बाद उनका यह हाल हुआ।

पातीराम का शुमार भी ऐसे ही लोगों में रहा। शहर में कोई धार्मिक या राजनीतिक जुलूस हो, छोटा-बड़ा कोई जलसा हो, पातीराम हर मौक़े पर मौजूद मिलते। ख़ाकी यूनिफ़ॉर्म, माथे पर चंदन तिलक, टोपी-डंडा और कंधे पर पाँच सितारे चमकते। शहर में जब कुछ न चल रहा होता तो कचहरी चौराहे पर बेंत फटकारते हुए वह ट्रैफ़िक़ का इंतज़ाम देख रहे होते।

कोई उनका नाम पूछ ले तो सीने पर लगी पट्टी पढ़कर मय पते के बताते, और बरबस ही 'टोबा टेक सिंह' की याद दिला देते – श्रीमानजी राजकाज बादशाह राजीव गाँधी धर्मार्थ बादशाह पंडा प्रेमचंद उर्फ़ पातीराम सरकार ई. महामंत्री कांग्रेस संजय गाँधी भारत सेंटर जनरल ऑफ़िस देश-विदेश संजय राज भवन रेसकोर्स थाना तुगलक रोड नई दिल्ली। काम – पुलिस की फ़ाइव स्टार सर्विस में। तनख़्वाह दो हज़ार एक सौ चालीस रुपये पच्चीस पैसे।

वह बताया करते कि प्रमोशन के समय अशोक की लाट वाले बटन ख़ुद आई.जी. साहब ने उनकी क़मीज़ में लगाए थे। इधर लंबे समय से उन्हें तनख़्वाह नहीं दे रहे हैं – सूखे की वजह से ख़ज़ाने में पैसा कम हो गया है। वर्दी का बिल दिखाकर एक बार कहने लगे कि अख़बार में छाप दो, अभी तक उसका भुगतान नहीं हुआ है। कहने को तो वह भी कह सकते हैं, उन्हें भला कौन मना करेगा, मगर छोटे अफ़सरों को डाँटना उनकी फ़ितरत में नहीं।

कचहरी पर अड्डा जमाने वालों के लिए पातीराम टाइम पास करने या दिल्लगी का सामान थे। लोग उन्हें शहर के किरदार का सच्चा प्रतिनिधि बताते। वह कहाँ से आए थे, कोई नहीं जानता, कहाँ रहते हैं, यह भी किसी को पता नहीं था। हमारे जैसे कुछ लोगों को ज़रूर मालूम था कि उनकी रिहाइश गवर्नमेंट कॉलेज के मैदान का एक कोना था, जहाँ कुछ ईंटें जोड़कर बनाया हुआ एक चूल्हा था और एक बोरी में उनके कुछ बर्तन। दिन में ताँगे-रिक्शे वालों को फटकारते हुए या दुकानदारों से माँगकर वह शाम-सुबह के अपने खाने का जुगाड़ कर लेते थे। यों कोई पूछ ले कि कहाँ रहते हो तो जवाब मिलता – रहने को तो पंद्रह साल दिल्ली में रहा। फिर राजा महिपाल के क़िले का हक़दार बनाकर सरकार ने इधर भेज दिया। अभी तो जहाँ जगह मिल जाए, वहीं पड़ जाता हूँ।

ये सारी बातें दिल्लगी तक ही रहतीं तो ठीक था मगर फिर एक ट्रेजिडी हो गई। अपने कॉलम में मैंने एक बार पातीराम के बारे में लिख दिया। अगले रोज़ दोपहर को कचहरी पर वह नरेंद्र की पान की दुकान पर मिल गए। काफ़ी पस्त और लुटे-पिटे हाल में। अख़बार में छपी अपनी फ़ोटो और दो अदद दरख़्वास्त लिए हुए। सवेरे-सवेरे कुछ पुलिस वालों ने उनका डंडा छीनकर कपड़े फाड़ दिए थे, ठुकाई की, सो अलग। अब वो सिर पर अंगोछा बाँधे कलक्टर को अपनी दरख़्वास्त देने के लिए यहाँ-वहाँ

घूम रहे थे। पिटाई से कहीं ज़्यादा वह इस बात पर ख़फ़ा थे कि डंडा छीनने के लिए सेना भेजने की क्या ज़रूरत थी। ख़ैर, अब बक़ाया तनख़्वाह मिले तो वह राइफ़ल ही ख़रीदेंगे।

लोक स्मृति के कुछ नाम

पुरानी पीढ़ी के लोगों को अब भी याद है कि देश के चौथे उपराष्ट्रपति गोपाल स्वरूप पाठक यहीं गुलाबनगर में जन्मे थे, स्कूल की पढ़ाई पूरी करने के बाद वह इलाहाबाद विश्वविद्यालय चले गए और वहाँ से निकलकर कई महत्त्वपूर्ण पदों पर रहने के बाद उपराष्ट्रपति हुए। उनके बेटे रघुनंदन पाठक देश के मुख्य न्यायाधीश रहे और बाद में इंटरनेशनल कोर्ट ऑफ़ जस्टिस के जज हुए।

यों कम लोग ही जानते हैं कि मिखाइल शोलोख़ोव के महाकाव्यात्मक उपन्यास *धीरे बहे दोन रे* सहित रूसी साहित्य के महत्त्वपूर्ण लेखकों की कई कृतियों का हिंदी में अनुवाद करने वाले प्रो.गोपीकृष्ण गोपेश का जन्म फ़रीदपुर के परा मोहल्ले में हुआ था। मैट्रिक तक उनकी पढ़ाई भी यहीं हुई। बाद में इलाहाबाद विश्वविद्यालय से पढ़ाई करने के बाद आकाशवाणी की नौकरी में वह पहले कोलकाता और फिर मास्को चले गए थे। इलाहाबाद विश्वविद्यालय में हिंदी विभाग के पहले शिक्षक और बाद में अध्यक्ष रहे लेखक-कवि और भाषाविद् धीरेंद्र वर्मा की पैदाइश भूड़ में हुई थी। वह जबलपुर विश्वविद्यालय के कुलपति और पहले *हिंदी विश्वकोश* के प्रधान संपादक भी रहे। मास्को में हिंदी साहित्य पढ़ाने वाले कवि-अनुवादक अनिल जनविजय का नाता भी इसी शहर की मिट्टी से है।

दिल्ली एम्स में न्यूरोसर्जरी विभाग के पहले रेज़िडेन्ट और देश के मशहूर न्यूरोसर्जन डॉ. ब्रह्म प्रकाश अब नहीं हैं, पर पुराने ज़माने के शहरी यह बात अब तक नहीं भूले हैं कि वह किसी संस्थान या कितने बड़े ओहदे पर रहे हों, बरेली के मरीज़ों को उनसे मिलने में बहुत मुश्किल कभी नहीं हुई और यह भी कि वह उनसे फ़ीस नहीं लिया करते थे। नेहरू पार्क कॉलोनी में उनके परिवार की रिहाइश हुआ करती थी और करगैना के आसपास उनका कोई फ़ार्म भी था।

टॉय मैन और पद्श्री से अलंकृत इंजीनियर अरविंद गुप्ता भी आलमगिरीगंज के ही हैं। बच्चों में वैज्ञानिक चेतना जगाने की धुन जागी तो टेल्को की नौकरी छोड़कर

पिछले चालीस सालों से यही अलख जगाते घूमते हैं। मामूली चीज़ों से बच्चों को ऐसे खिलौने बनाना सिखाते हैं, जो खेल-खेल में वैज्ञानिक सिद्धांतों को समझने का ज़रिया बन जाते हैं। बच्चों के लिए कार्यशालाएं तो वह करते ही हैं, लिखते हैं, अनुवाद करते हैं और ढेर सारी किताबें इंटरनेट पर अपलोड करते हैं ताकि वे दुनिया भर में तमाम ज़रूरतमंदों तक पहुंच सकें। उनकी किताब *मैचस्टिक मॉडल्स* का आधा दर्जन से ज़्यादा ज़बानों में तर्जुमा हुआ है और पांच लाख से ज़्यादा प्रतियां बिक चुकी हैं। 'आर्काइव डॉट ओआरजी' पर उनका पेज देखें तो मालूम होगा कि वह क़रीब 16 हज़ार किताबें अपलोड कर चुके हैं।

आईआईटी, कानपुर में कम्प्यूटर साइंस और इंजीनियरिंग के प्रोफ़ेसर रहे रजत मूना बाद में भिलाई और वडोदरा आईआईटी के डायरेक्टर हुए। अभी गाँधीनगर आईआईटी के डायरेक्टर हैं। ईवीएम में तकनीकी सुधार के साथ ही इलेक्ट्रॉनिक पासपोर्ट के लिए ऑपरेटिंग सिस्टम बनाने के प्रोजेक्ट में वह शरीक रहे हैं।

फ़िल्मकार अनवर जमाल के काम और उसकी अहमियत से जो लोग वाक़िफ़ हैं, मुमकिन है कि वे जानते हों कि उनके वालिदैन बरेली के ही हैं। उनकी पैदाइश यहीं करोलान में अपनी नानी के घर हुई और उनकी पढ़ाई की इब्तिदा भी यहीं हुई। उनकी माँ आलिया रशीद ख़ाँ बाद में रुद्रपुर के एक कॉलेज में शिक्षक हुईं तो उन्हें बरेली से जाना पड़ा, मगर बरेली से उनका रिश्ता हमेशा ही बना रहा।

स्वाति मेहरोत्रा बचपन में अपना घर डिज़ाइन करने का सपना देखती थीं, पाँचवें में पढ़ती थीं तो सल्वाटोर फ़ेरगामो उनकी प्रेरणा बन गया। अपनी मेहनत और प्रतिबद्धता के चलते वह एक कामयाब फ़ुटवेयर डिज़ाइनर हैं। उनकी कंपनी 'स्वातिमोडो क्रिएशन्स' की पहचान मौलिक डिज़ाइन के सृजन की है। और उनकी कंपनी के बनाए फ़ुटवेयर जापान, सिंगापुर, दुबई, न्यूयॉर्क और श्रीलंका तक जाते हैं।

बीसीसीआई के सीईओ राहुल जौहरी यहीं जन्मे, यहीं पढ़ाई-लिखाई की और एमबीए करने के बाद *पॉयनियर*, *आउटलुक* और डिस्कवरी चैनल में बड़े ओहदों पर काम करते हुए बीसीसीआई तक पहुँचे। सूफ़ी संगीत की दुनिया में पहचान रखने वाली कविता सेठ का भी नाता बरेली से है।

इन कुछ नामों के यहाँ ज़िक्र करने का मक़सद कोई फ़ेहरिस्त तैयार करना हरगिज़ नहीं है और न ही इसकी कोई समग्र सूची हो सकती है। आशय सिर्फ़ यह

रेखांकित करना है कि चकाचौंध की दुनिया से दूर ऐसे सचमुच के बरेलवी भी हैं, जो अपनी मेधा और मेहनत की बदौलत ऊँचाइयों पर चमकते आए हैं। यों आप भी जानते हैं कि शोहरतों का किरदार दिवाली के अनार या फुलझड़ी के जैसा ही होता है।

10. वो रंग उतर ही गए जो उतरने वाले थे

जिस शहर को देखते-जानते हुए मेरी पीढ़ी के लोग बड़े हुए हैं, उसके मूल चरित्र पर सोचें तो औसत मध्यम वर्ग का ऐसा प्रतिनिधि चेहरा सामने आता है, जो अपने काम से काम रखते हुए ज़िंदगी की गाड़ी खींचने में मसरूफ़ किसी शख़्स का होगा। ऐसा नहीं कि ऊँचा सोचने वाले, सपने देखने वाले या रईसों और कुलीनों का तबक़ा नहीं था, ज़रूर था मगर बहुत छोटा-सा। और शहर भी तब बहुत बड़ा कहाँ था! चौसर की बिसात की तरह पूरब में शहामतगंज से लेकर क़िले तक और दक्षिण में रेलवे जंक्शन से शुरू होकर प्रेमनगर तक। बस यही चौहद्दी थी, और चौपुला पर वह मील पत्थर लगा होता था, जिस पर दर्ज सिफ़र दूर से चमकता था।

तब आबादी इतनी मिली-जुली हुआ करती थी कि रईसों की कोठियाँ, मध्य वर्ग की रिहाइशें और झोपड़ियों में आबाद मज़दूरों के ठिकाने अलग-अलग इलाक़ों में नहीं थे और न ही गेट बंद कॉलोनियाँ किसी की कल्पना में आती थीं। चौपुला से किशोर बाज़ार तक के रास्ते में ही कुछ कोठियाँ थीं और मूंज-सिरकी से चिक और चटाई बनाने वालों की गिहार बस्ती भी। आगे यही सड़क कुतुबख़ाना और कोहाड़ापीर होकर प्रेमनगर तक जाती है। रेलवे के मुलाज़िमों को डीआरएम दफ़्तर और कारख़ाने तक लाने-ले जाने वाली बाबू ट्रेन के रास्ते में शहामतगंज, प्रेमनगर और आइज़ेटनगर के इलाक़े में पटरी के किनारे ऐसी कितनी ही छोटी-बड़ी बस्तियाँ दिखाई देतीं, जिनमें ठेला-रिक्शा चलाने वाले, दिहाड़ी मज़दूर, सूप और झाड़ू बनाने वाले या फिर लोहा पीटने वालों के कुनबे बसर करते।

प्रेमनगर रेलवे लाइन के बाद जंगल और थोड़ा आगे पतंगबाज़ी के शौक़ीनों की पसंदीदा जगह – फ़तेह बगिया हुआ करती। और वह आबादी के बाहर का इलाक़ा था। ऐसा ही हाल अयूब ख़ाँ चौराहे के आगे का था। आबादी वाले रास्तों के ख़त्म होते ही पाकड़ के घने पेड़ों के बीच से गुज़रने वाली सुरंग सरीखी सड़कें दिल्ली, लखनऊ, पीलीभीत, नैनीताल और बदायूँ की ओर चली जाती थीं। जंक्शन स्टेशन से परे छावनी के इलाक़े में आम शहरियों की रसाई न थी सो उस ओर आमदरफ़्त कम

ही थी। सिवाय इसके कि नई उम्र के छोकरे कभी-कभार साइकिल चलाना सीखने या फिर अपना कौशल परखने के लिए छावनी के वीराने में बूचरी से आगे वाले टीलों पर बनी ख़ूब ऊंची-नीची सड़क यानी हिल ट्रैक रोड पर चले जाते थे।

एयरफ़ोर्स, आईवीआरआई, कलक्टरगंज या नकटिया तो इतनी दूर मालूम होते कि किसी और क़स्बे में जाने जैसा लगता। ज़िला अस्पताल से आगे दूर-दूर तक सड़क के दोनों ओर इमली के दरख़्त हुआ करते और इन रास्तों का हाल ये कि सूरज डूबने के साथ ही इनकी रौनकें भी मद्धिम पड़ जातीं। हिंद टाक़ीज़ में तो नाइट शो होता ही नहीं था। अक्षर विहार और मेंटल हॉस्पिटल के आसपास के पेड़ों पर बसेरा करने वाली चुड़ैलों के कितने ही क़िस्से कथाकार ख़ालिद जावेद की यादों में हैं। पोस्टमॉर्टम हाउस वाली सड़क यों भी सुनसान ही रहती थी। इस सड़क के दोनों तरफ़ के गहरे नाले भाँग के पौधों से ढंके रहते। भाँग की पत्तियों को हथेलियों से रगड़कर सुल्फा बनाने और उसे सिगरेट में भरकर पीने वालों को अलबत्ता यह रास्ता बड़ा मुफ़ीद लगता था। सो उस तरफ़ से आने-जाने वाले अक्सर बताया करते कि उधर एक सिरकटा मिलता है, जो राहगीरों को रोककर माचिस मांगता है और अगर कहीं रुक गए तो फिर जानो कि ख़ैर नहीं।

उसकी नाक से निकलने वाली आवाज़ की नक़ल और घूमकर देखे बिना ही आगे बढ़ जाने की बहादुरी के क़िस्से तो ख़ैर हमने भी सुने हैं। दिन में भी अगर कभी उधर से गुज़रना पड़े तो सिरकटे का ख़्याल आता ज़रूर था और साइकिल की रफ़्तार ख़ुद-ब-ख़ुद तेज़ हो जाया करती। तो फ़िल्मों की कशिश अपनी जगह फिर भी ऐसी ख़ौफ़नाक़ रहगुज़र से होकर आने-जाने का सोचने से भी सिनेमा देखने जाने का हौसला पस्त हो जाना कोई अस्वाभाविक बात नहीं मानी जाएगी।

पुराना शहर हो या बाद की बसाहटें, शहर के तमाम इलाकों की गलियों से गुज़रते हुए बनारस या मथुरा की गलियाँ और दोनों तरफ़ बनी रिहाइशें देखते हुए कुतुबमीनार या पीसा की मीनार याद आ जाए तो किसी को हैरानी नहीं होनी चाहिए। कुछ सदी पुराने हो चुके इन घरों की वजह से ही ये गलियाँ अब भी इतनी ही चौड़ी हैं कि पैदल या साइकिल से आया-जाया सके। बाज़ारों से गुज़रने वाली सड़कें अलबत्ता इतनी चौड़ी थीं कि उन पर बसों-मोटरों की आवाजाही मुमकिन थी।

दिल्ली से आने वाले लोग क़िला से शहर के अंदर दाख़िल होकर साहूकारा, बड़ा बाज़ार, दर्ज़ी चौक, शहामतगंज होकर लखनऊ रोड पर निकल जाते। इसी तरह मथुरा या आगरा से आने वाले बदायूँ होकर नेकपुर की तरफ़ से शहर में दाख़िल होते और चौपुला से सीधे कुतुबख़ाना, कोहाड़ापीर से होकर पीलीभीत या नैनीताल की तरफ़ जा सकते थे। दरअसल नेशनल हाईवे और स्टेट हाईवे, दोनों ही शहर के इन बाज़ारों से होकर ही गुज़रते थे। इन्हीं सड़कों से होकर सिटी बसें चला करतीं, इक्के-ताँगे और रईसों की बग्घियाँ भी। राजुल जी ने एक बार बताया था कि सत्तर के दशक में जब वह मथुरा से यहाँ आते तो मैकेनियर रोड जाते हुए लाला काशीनाथ सेठ को अक्सर चार घोड़ों वाली बग्घी से बड़ा बाज़ार की गद्दी पर आते-जाते हुए देखते थे।

शहर की भव्यता और रईसी की झाँकी इन सड़कों से गुज़रते हुए देखी-महसूस की जा सकती थी, और शहर की ख़ूबियाँ-ख़ासियतें भी। क़िला वाले छोर पर गल्ले का थोक कारोबार करने वालों के साथ ही बड़ी सब्ज़ी मंडी, आगे बढ़ने पर बिसातख़ाने और फिर पतंग-माँझे की दुकानें और फिर साहूकारा का भव्य गेट। माना जाता है कि कभी यह सारा इलाक़ा औरंगज़ेब के गवर्नर मकरंद राय के क़िले में शामिल हुआ करता था।

बरेली आईं पहली मिशनरी महिला डॉक्टर क्लारा स्वैन की किताब *अ ग्लिम्प्स ऑफ़ इंडिया* में शामिल बरेली की दो तस्वीरों में से एक साहूकारा की है और इसमें दोनों तरफ़ भव्य गेट के साथ ही उनसे सटा दो मंज़िला इमारतों वाला बेहद ख़ूबसूरत बाज़ार दिखाई देता है। पुराने लोगों को अब भी याद है कि नीचे कारोबार और ऊपर रिहाइश का ठिकाना होता था। नीचे तो ख़ैर किसिम-किसिम की दुकानें सजतीं, पर ऊपर वाले हिस्से में तवायफ़ें आबाद थीं। शाम को गीत-संगीत की उनकी महफ़िलें सजतीं, शहर के रईस उनका गाना सुनने के लिए जुटते। तवायफ़ें नहीं रहीं तो कर्ज़दारों से वसूली के लिए आने वाले किस्तिये यहाँ ठहरा करते। और उसके बाद तो चराग़ों में रौशनी न रही। दोनों गेट तो ख़ैर अब भी हैं, पर नए बने हुए इन गेट में पुरानी वाली बात नहीं है, एक के माथे पर जड़े काले पत्थर पर नाथ द्वार, साहूकारा गेट खुदा हुआ है तो दूसरे पर मढ़े फ़्लेक्स से इसके थाना क़िला का प्रवेश द्वार होने का पता चलता है।

इस थाने वाले गेट के क़रीब ही मुन्नी देवी धर्मशाला है, जहाँ कुछ बरस पहले

तक एक प्याऊ भी लगता था। वहीं ज़ीने की सीढ़ियों के किनारे लगे पत्थर से इस इमारत का मुख़्तसर-सा इतिहास मालूम होता है – धर्मशाला ब-यादगार श्रीमती मुन्नी कुंवर, मुसम्मात लाला रत्न सर्राफ़ ख़लफ़ लाला राम कर्ण दास, साकिन बरेली मोहल्ला साहूकारा, 1924। उर्दू की इस इबारत के सबसे ऊपर 'श्री' लिखा है। आसपास के तमाम दुकानदार इस ख़स्ताहाल इमारत पर क़ब्ज़े की कोशिशों का ब्योरा तो देते हैं, पर मुन्नी कुंवर या लाला के बारे में बताने वाला कोई नहीं मिलता।

ज़रा-सा आगे बढ़ने पर सर्राफ़े की कुछ दुकानों के साथ मिला-जुला कारोबार, फूटा दरवाज़ा, कूचा सीताराम, आगे किताबों-स्टेशनरी की कुछ दुकानें, जगत सिनेमा और फिर कुतुबख़ाने तक कपड़ों का बाज़ार और घंटाघर के क़रीब पानदरीबा। जहाँ पान के पत्तों के साथ ही कई तरह के तम्बाकू और ज़र्दे की महक में जब-तब ख़ास तरह की एक और गंध आकर मिल जाती।

गंध की वह लहर लोटन और उनके शागिर्दों के तेज़ी से चलते हाथों से पैदा होती, जो तमाम तरह की शीशियों और डिब्बियों से क्रीम और तरल निकालकर ग्राहकों के सैंडिलों-जूतों पर फैलाते और फिर उनमें ग़ैर-यक़ीनी क़िस्म की चमक पैदा होने तक कभी ब्रुश से तो कभी कपड़े से रगड़ते जाते। लोटन अपने फ़न के शहंशाह थे। दुकान अब भी वहीं हैं, लोटन नहीं हैं। यूँ भी स्पोर्ट्स शू के फ़ैशन वाले इस दौर में लोटन जैसों की सेवाओं की दरकार ही कितनों को है।

गली मनिहारान में सुबह फूलों का बाज़ार और दिनों भर चूड़ियों का कारोबार। यहाँ से शहामतगंज जाने वाला रास्ता दो हिस्सों में बंट जाता है, एक तरफ़ बाँस मंडी और दूसरी तरफ़ आलमगिरीगंज का सर्राफ़ा बाज़ार, बताशे वाली गली और थोड़ा आगे गंगापुर। इसी गंगापुर में एक ज़माने की मशहूर रही कोठियों के अब नाम भर बचे रहे हैं – लाला रोशन लाल की बनवाई मोर कोठी और राम भरोसे लाल की चमन कोठी। चमन कोठी उसी साहू परिवार के लोगों की थी, जिनकी बियाबानी कोठी अब भी शानो-शौक़त की नज़ीर है। बाँस मंडी में सरकारी आयुर्वेद कॉलेज की इमारत और साहू गोपीनाथ इंटर कॉलेज और साहू रामस्वरूप महिला महाविद्यालय इसी परिवार की देन हैं।

सादगी में भी अजब दिलकशी

उन दिनों आम घरों की आमदनी के लिहाज़ से टेलीविज़न या फ्रिज अय्याशी का सामान हुआ करते थे। रेडियो भी हर घर में कहाँ होते थे! एयर कंडीशनर के बारे में तो बहुत लोगों ने सुना तक न था। बड़ी आबादी को गैस के चूल्हे या कुकर से न तो कोई काम था और न ही उनकी चाहत। अपनी बुरादे या कोयले की अंगीठी और बटुली, भगौना, कड़ाही से ही वे संतुष्ट थे। और इससे भी अहम बात यह कि लोगों को इन चीज़ों की कमी खलती नहीं थी।

यों घरों के आँगन के एक हिस्से में लगे हैंडपम्प से भी बढ़िया ठंडा पानी मिलता, फिर भी गर्मियाँ शुरू होने के पहले कुम्हार के यहाँ से सुराही-मटके ख़रीदकर आ जाते। कभी मेहमानों को शर्बत-वर्बत पिलाना हुआ तो नुक्कड़ की किसी दुकान से चार आने की बर्फ़ ख़रीद लाते। ठंडे का मतलब तब ठंडा ही हुआ करता था, रूह अफ़ज़ा, शर्बत-ए-आज़म, रसना, स्क्वैश या ख़ालिस नींबू की शिकंजी।

घर के बाहर प्यास लगने पर कहीं न कहीं सार्वजनिक नल या प्याऊ मिल ही जाते और जिनकी जेब में ख़र्च करने के लिए दस-पाँच पैसे होते उनके लिए बर्फ़ वाले पानी के ठेले भी होते। लोग रात बिरात बग़ैर बिजली के रहने के अभ्यस्त थे सो सीलिंग फ़ैन के मुक़ाबले टेबिल फ़ैन उन्हें ज़्यादा रास आते, कि रात को उन्हें आंगन या छत पर भी ले जाया सकता था। जिन घरों में कूलर होते, मौसम बदलने के साथ उसमें घास बदल जाती और बाहर की तुर्श धूप से लौटकर कूलर के कमरे में बैठने पर पहाड़ों की हवा का-सा लुत्फ़ मिलता, साथ में ख़स की भीनी महक भी। हाथ वाले पंखे तो ख़ैर सभी के घरों में रहते।

शहर भर के तमाम इलाक़ों में बुज़ुर्ग शाम को घर के चबूतरे पर इन पंखों के साथ बैठे मिलते। भोपाल वालों की तरह अपनी इस महफ़िल को वे पटियाबाज़ी नहीं कहते थे, पर ये चबूतरे उनकी गपशप और मेल-मुलाक़ात का अड्डा थे। मौसम और ज़माने भर की तमाम बतकही के बीच पढ़ाई करने वाले अपने घर के बच्चों की फ़िक्र करते हुए उनकी ख़्वाहिश होती कि कलक्टर न बन पाएं तो कोई बात नहीं, कम से कम कलक्टरगंज लायक़ तो बन ही जाएं।

उन दिनों साइंस की पढ़ाई करने वालों में बहुतेरों की तमन्ना एमबीबीएस में दाख़िले

की होती, तो वे कॉलेज के साथ-साथ कृष्णा कोचिंग में दाख़िला ले लेते। उस दौर में यही एक कोचिंग थी, पढ़ाकुओं को जिसका आसरा था। इक्का-दुक्का पीएमटी पास भी कर लेते और बाक़ी की आँखों में रबड़ फ़ैक्ट्री या किसी दवा कंपनी में नौकरी का सपना पलता। वरना बैंक, रेलवे या किसी और सरकारी महकमे में नौकरी का जतन करते।

रबड़ फ़ैक्ट्री यानी सिंथेटिक एंड केमिकल्स लिमिटेड। यह सिथेंटिक रबड़ बनाने वाली देश की बड़ी फ़ैक्ट्रियों में से एक थी। फ़ैक्ट्री में काम करने वाले जो लोग टाउनशिप में नहीं रहते थे, उनको लेने-छोड़ने के लिए आने वाली पीले रंग की बसें दिन भर शहर के मुख़्तलिफ़ इलाक़ों में घूमती मिलतीं और देखने वाले उन्हें बड़ी हसरत से देखा करते।

'बुंदेले हरबोलों के मुँह हमने सुनी कहानी थी ...' की तरह ही फ़ैक्ट्री की ऐश-ओ-आराम की नौकरी के क़िस्से हमने वहाँ के मुलाज़िमों से सुने थे और उनके रहन-सहन में इन कहानियों की सचाई देखी भी थी। पगार के अलावा ओवरटाइम और तमाम तरह की सहूलियतें, और रियायती नाश्ते-खाने का इंतज़ाम सुनने वालों की निगाह में इज़्ज़त और मन में रश्क पैदा करता। दो पैसे का टोस्ट, तीन पैसे का अण्डा, पाँच पैसे का ऑमलेट-टोस्ट, पैंतीस पैसे या आठ आने की थाली वगैरह-वगैरह।

रबड़ फ़ैक्ट्री में काम करने वाले घर से टिफ़िन लेकर नहीं जाते थे और फ़तेहगंज यानी फ़ैक्ट्री तक आने-जाने के लिए बस थी ही। ऐसी इत्मीनान की ज़िंदगी की चाहत भला कौन नहीं करता! हाँ, तब यह शहर कई नामचीन फ़ैक्ट्रियों वाला हुआ करता था – आईटीआर यानी इंडियन टर्पेंटाइन एंड रोज़िन फ़ैक्ट्री, कैम्फ़र एंड अलाइड प्रोडक्ट्स, माचिस फ़ैक्ट्री यानी विमको, इंडियन रेलवे स्लीपर फ़ैक्ट्री, इंडियन वुड प्रोडक्ट्स कंपनी यानी कत्था फ़ैक्ट्री, कई चीनी मिलें और किसान प्रोडक्ट्स जैसे कई बड़े कारख़ाने थे, जो यहाँ के लोगों के लिए रोज़गार और उनकी ज़िंदगी में ख़ुशियों का बहाना बनते थे। इनमें से कई कारख़ाने कलक्टरगंज इलाक़े में ही हुआ करते थे। बाद में आंवला में इफ्को का कारख़ाना भी शुरू हुआ, मगर यहाँ बाक़ी के कारख़ाने धीरे-धीरे इतिहास बनते गए।

रबड़ फ़ैक्ट्री बंद हुए अब तो 25 साल बीत गए हैं, अलबत्ता ख़बरों में जब-तब उसका ज़िक्र आता रहता है। बॉम्बे हाईकोर्ट में फ़ैक्ट्री के 1432 कर्मचारियों

की तनख़्वाह और फंड के क़रीब छह सौ करोड़ रुपये के बकाये का मुक़दमा और कंपनी के 1380.2 एकड़ ज़मीन पर मालिकाना हक़ की दावेदारी की बाबत शहर के अख़बारों में कभी-कभार छपता ही रहता है। अलबत्ता वहाँ के कई पुराने मुलाज़िमों से मिलकर धक्का लगता है। उनकी हालत अंदर से हिला देती है।

बरेली कॉलेज

बरेली कॉलेज यों तो 1837 में स्कूल के तौर शुरू हुआ और 1850 में इसे कॉलेज का दर्जा भी मिल गया, पर तब यह वहाँ हुआ करता था, जहाँ अभी गवर्नमेंट इंटर कॉलेज है। रामपुर के नवाब हामिद अली ख़ाँ की दान की हुई ज़मीन पर कॉलेज का मौजूदा कैंपस बना और 1906 में सर जेम्स ला टूश ने इसका लोकार्पण किया।

शहर के इंटर कॉलेजों से पढ़कर निकलने वाले लड़के-लड़कियों की आगे की पढ़ाई के लिए अकेला यही एक ठिकाना हुआ करता था, बीए, बीएससी करना हो, बी.कॉम या फिर एलएलबी। सिर्फ़ लड़कियों के लिए अलबत्ता दो डिग्री कॉलेज और थे – साहू रामस्वरूप महिला महाविद्यालय और कन्या महाविद्यालय। जिनकी दिलचस्पी कृषि विज्ञान या पशु चिकित्सा विज्ञान में होती, पंतनगर विश्वविद्यालय तब उनके लिए एक और विकल्प था। बाहर जाकर पढ़ने के बारे में कोई नहीं सोचता था, सिवाय उनके जो मेडिकल या इंजीनियरिंग कॉलेज में दाख़िले का इम्तिहान पास कर लेते।

सत्तर के दशक के आख़िर में जब हम लोग बरेली कॉलेज में पढ़ने गए, कैंपस में गंगा पार और कटरी के इलाक़ों से आने वाले छात्रों की दबंगई और दुस्साहस के कितने ही क़िस्से सुने। सुना कि कोई घोड़े पर बैठकर पढ़ने आता तो कोई खुली जीप में अपने दस-बारह चेलों के साथ। और पढ़ाने वालों में भी कोई पिस्तौल लगाकर आता तो कोई अपनी पौनी बंदूक के लिए पहचाना जाता। आँवला और फ़रीदपुर के लड़कों के गुट तो थे ही, साहूकारा और कालीबाड़ी के गुट भी हुआ करते थे।

ख़ुद को दूसरों के मुक़ाबले ताक़तवर जताने के लिए अक्सर वे एक दूसरे को खुली चुनौती भी दिया करते और इस 'डुअल' में दोनों ओर के कई-कई जाँबाज़ शरीक होते, अपने-अपने असलाह निकालकर सामने रख देते, फिर नज़रों से उन हथियारों की अहमियत तोलते, थोड़ी देर तक दूसरी पार्टी को घूरते और तब बराबर

की रंगबाज़ी का लाइसेंस लेकर विदा लेते। ऐसे नामवरों की शोहरत के ख़ून सुखा देने वाले क़िस्से और रैगिंग के तौर-तरीक़ों के ब्योरे कमज़ोर दिल वालों को कंपा देते थे।

जहाँ से पढ़कर आए थे, वहाँ तो रैगिंग का नाम तक न सुना था, हालाँकि अब सोचने पर ऐसा लगता है कि वहाँ हमारे कुछ शिक्षक ही रैगिंग करने वाले सीनियर की तरह पेश आते थे। और उनकी रैगिंग तो पूरे साल चलती थी। खद्दर का कुर्ता-पजामा और गाँधी टोपी पहनने वाले गवर्नमेंट कॉलेज के शिक्षक शर्माजी, जो नेता जी कहलाते, अंग्रेज़ी वाले जे.पी.शर्मा मास्साब हमें पढ़ाते भले नहीं थे मगर पूरे कैंपस में उनका ख़ौफ़ तारी रहता। हाई स्कूल में अंग्रेज़ी पढ़ाने वाले पालीवाल साहब, होली-दिवाली के बाद कॉलेज खुलने पर पहली क्लास में जिनके लिए घर में बने पकवान और मिठाई साथ ले जाने की अनिवार्यता होती थी। नहीं ले जाने वालों को वह डाँटकर क्लास से बाहर कर देते।

इंटर में अंग्रेज़ी पढ़ाने वाले जी.सी.गुप्ता सर की क्लास में किसी की शर्ट का ऊपर का बटन अगर खुला हुआ हो या पूरी बाँह की क़मीज़ की आस्तीन मुड़ी हुई हो तो उनका पढ़ाना तब तक रुका रहता, जब तक कि शर्ट जेंटिलमैन मोड में नहीं आ जाती थी। और गणित के बी.डी.शर्मा, क्लास के पैंतीस में से तैंतीस लड़के जिनसे ट्यूशन पढ़ने उनके घर जाते थे। हर महीने होने वाले टेस्ट में शर्मा सर इन लड़कों से शहर में सिनेमाघरों में लगी फ़िल्मों या गानों के बारे में सवाल पूछते और ट्यूशन नहीं पढ़ने वाले बाक़ी दोनों लड़कों से किताब के मुश्किल सवाल।

एक राठौर साहब हुआ करते थे, आठवीं तक अंग्रेज़ी पढ़ाते थे। ग़लती होने पर पीठ पर उनके भारी मुक्के पड़ते और तब तक पड़ते जब तक कि उनके विशेषण चुक नहीं जाते थे – पाजी, बेईमान, बदमाश, लुच्चा वगैरह। साइंस के एक टीचर थे दीक्षित जी। बेहिसाब सिगरेट पीते थे और कई बार लड़कों से भी माचिस माँगते फिरते। वह अक्सर कॉलेज के क़रीब चावला रेस्टोरेंट में एक कप चाय और ढेर सारी सिगरेटें फूंकते हुए कुछ लड़कों को ट्यूशन पढ़ाते मिल जाते थे।

उन दिनों शिक्षकों का ऐसा व्यवहार मानो पढ़ाई का हिस्सा ही लगता था। तो रैगिंग के बारे में जानते नहीं थे, इसलिए इससे पार पाने या भुगतने की कोई व्यावहारिक समझ भी नहीं थी। हालाँकि हमारे बरेली कॉलेज आने तक जीप और घोड़े वाले तालिबान

केवल क़िस्सों में ही बचे रह गए थे, मगर पढ़ाई का सत्र और इम्तिहान तब भी पटरी पर नहीं आ सके थे। कॉलेज में रैगिंग करने वाले सीनियर के तौर पर ज्ञान यादव ही याद आते हैं। वह मढ़ीनाथ के थे और ख़ासे अक्खड़ मिज़ाज भी। खरखराती आवाज़ में जिस किसी को इशारा करके पास बुलाते, उसे लगता कि अब शामत आई। फिर भी, आज के दौर की रैगिंग के क़िस्से सुन-पढ़कर लगता है कि उस दौर में बड़े सहृदय सीनियर मिले, जो कमीज़ की आस्तीनें मोड़ने पर एतराज़ जताकर, किसी अड़ियल जूनियर को उट्ठक-बैठक या मैदान के चक्कर लगवाकर ही संतुष्ट हो जाते थे।

कॉलेज और घर के बीच की हमारी दुनिया में इज़ाफ़ा और समझ के दायरे में नई चीज़ों का शुमार होने लगा था। मसलन एक रोज़ हम अपने बॉटनी के जिन शिक्षक का इंतज़ार कर रहे थे, वह क्लास में नहीं पहुँचे तो एक साथी ने कहा कि हो सकता है कि बाहर चले गए हों। मैंने बताया कि थोड़ी देर पहले उनको देखा था, वह हाफ़ पैंट पहने हुए तेज़ी से कहीं जाते हुए मिले थे। किसी ने झट से बताया, अरे, तो वो शाखा से लौट रहे होंगे! यह शाखा मेरे लिए एकदम नया मक़ाम था। तब उस समझदार साथी ने विस्तार से आरएसएस और उसकी अवधारणा के बारे में समझाया था।

कॉलेज की कैंटीन को ठेकेदार मुश्किल से मिलता था तो हम कैंटीन की इमारत भर जानते थे, बाक़ी चाय-समोसे के लिए आनंद आश्रम के क़रीब के चायख़ाने या फिर इम्पीरियल टॉकीज़ के सामने मजीद का होटल आबाद करते। बदलाव के लिए कभी-कभार त्यागी या चावला रेस्टोरेंट चले जाते। हमारी बहसों-बातचीत के लिए किताबों के सिवाय फ़िल्में ही होती थीं, कभी-कभार सख़्त या न समझ में आने वाले शिक्षक भी। जैसे कि डॉ.बी.के.शर्मा, जो बॉटनी के हेड ऑफ़ डिपार्टमेंट थे और जिनका क्लास ग़लती से भी छूट जाना हमें अपराध बोध से भर देता।

घंटा बजने के तीन-चार मिनट के अंदर वह लेक्चर थिएटर में होते और एक बार वह क्लास में आ गए तो फिर 'मे आई कम इन सर' वाली हर आवाज़ पर उनका एक ही जवाब होता – 'नो'। एक बार वह कई दिनों तक कॉलेज नहीं आए तो उनका पीरियड ख़ाली मानकर लड़के भाभा पार्क में बैठे गप्पें मार रहे थे। तभी देखा कि सामने से डॉ.शर्मा साइकिल पर चले आ रहे हैं। सारी क्लास भरभराकर लेक्चर थिएटर में जा पहुँची। चपरासी डस्टर-चॉक रख गया। अपनी ग़ैरहाज़िरी और बीमारी के बारे में

बताकर उन्होंने पढ़ाना शुरू कर दिया। इतने में दरवाज़े से वही पुकार सुनाई दी और ब्लैकबोर्ड पर लिखते हुए घूमकर देखे बिना ही उन्होंने मना कर दिया। फिर अचानक उनका हाथ रुक गया और सामने की तरफ़ बैठे लड़के को उन्होंने बाहर दौड़ाया, 'जाओ, उसे बुलाकर ले आओ। आज तो मैं ख़ुद ही देर से क्लास में आया हूँ फिर उसे कैसे मना कर सकता हूँ।'

शहर में कर्फ़्यू

बरेली कॉलेज में पढ़ते थे, जब कर्फ़्यू से पहली बार साबका पड़ा और तब तक सिर्फ़ पढ़े-सुने हुए इस हैबतनाक लफ़्ज़ को उन्हीं दिनों भोगा भी। एक दौर की ब्लैक आउट वाली रातों के मुक़ाबले कहीं ज़्यादा ख़ौफ़नाक दिन। उस बात को अब तक चालीस साल से ज़्यादा बीत चुके हैं, मगर कर्फ़्यू के वे दिन ज़रा भी बिसरे नहीं हुए हैं। अगस्त 1980 का वाक़या है। इम्तिहान देकर उस रोज़ शाम को लौटा, तो घर के क़रीब सड़क पर कुछ टूटी हुई ईंटें पड़ी देखी थीं। फिर रेडियो पर मुरादाबाद में दंगा भड़कने की ख़बर आई और रात में लाउडस्पीकर पर भर्राई आवाज़ में कर्फ़्यू का ऐलान हुआ था। छतों से पत्थर फेंके गए थे तो बिजली के तार टूट जाने से सारे इलाक़े में अंधेरा था और इसी अंधेरे में दरवाज़े की कुंडी बजी। कौन है, पूछने पर जवाब मिला – पुलिस। दरवाज़ा खोलो।

सभ्य शहरी होने के अपने किताबी ज्ञान के वशीभूत दरवाज़ा खोला ही था कि ख़ाकी रंग के सायों ने हुक्म दिया – बाहर आइए। चलकर उस ट्रक में बैठ जाइए। फिर तो ट्रक में साथ बैठने वालों की लाइन लग गई। आरएफ़सी दफ़्तर में मुलाज़िम उजागिर भइया, प्रसाद टॉकीज़ के नन्दलाल, ट्रेज़री दफ़्तर में अफ़सर बाबा गोरखनाथ सिंह, हमारे पड़ोसी और पराग डेयरी के फ़ैक्ट्री मैनेजर आर.के.श्रीवास्तव। ये सारे लोग माजरा समझने के लिए बाहर निकले थे और पुलिस उन्हें एक-एक करके ट्रक में बैठाती गई। अकेले बाबूजी ही ऐसे थे, जिन्हें घर के बाहर आकर पूछताछ करने के बाद भी वापस अंदर भेज दिया गया था। शायद उनकी उम्र या फिर बात करने का उनका रोबीला ढंग या शायद यह ख़्याल कि घर में कोई मर्द न रहेगा तो हम लोगों को छुड़ाएगा कौन!

मुझे आज तक न तो उस दरोगा रौतेला का नाम बिसरा है, जो मेरी ही टॉर्च लेकर उसकी रौशनी में घरों से लोगों को निकालकर उनके चेहरे की पड़ताल कर रहा था और न ही कलेक्टर डी.एस.बग्गा और एसएसपी अहमद हसन के नाम भूला हूँ। क़िला थाने का वह परिसर भी, जहाँ सभी को लाइन से बैठाकर मुंशी उनके नाम और वल्दियत दर्ज कर रहा था। दफ़ाएं तो अब याद नहीं मगर हम लोगों पर इल्ज़ाम हमारे घर के सामने रहने वाले बब्बू भाई के घर पर पथराव का था। बब्बू भाई जो साथ खेलते और घूमते थे, तमाम बार हम साथ खाते-पीते भी।

पुलिस को तो ख़ैर यह बात समझा पाना नामुमकिन था। उनके लिए हम इंसान या जज़्बा कब थे, हम सिर्फ़ संख्या थे, सो रात में ही सारी संख्याएं जेल पहुंचा दी गईं। अपना यह सोचकर ही बुरा हाल था कि जेल में बंद रह गए तो बॉटनी के पर्चे का क्या होगा, इम्तिहान छूट गया तो साल बर्बाद हो जाएगा। रात तो ख़ैर सीमेंट के चबूतरे पर कट गई मगर दिन में क़ाबिल-ए-बर्दाश्त बंदोबस्त हो गया। सुबह उठते ही पीले कपड़ों वाले जैसे उजड्ड लंबरदारों से वास्ता पड़ा था, कई दिन अगर बैरक में ही रहना पड़ता तो क्या हाल होता, इसकी कल्पना करते ही पसीना छूट जाता है।

जेल को दूध की सप्लाई पराग डेयरी से होती थी, सो जेलर श्रीवास्तव चच्चा के ऐसे दोस्त निकले कि उन्होंने हम सबको बीमार क़रार दे दिया। और इस तरह हमें जेल के अस्पताल में एक-एक बेड मिल गया। चूंकि जेल में दूध रोज़ ही आता था, इसलिए दूध लाने वाली गाड़ी के ड्राइवर हमारे घर से खाना बनवा लाते थे, कपड़े और किताबें भी ला देते। पड़ोस के ही बेड पर एक बुज़ुर्ग आबाद थे – क़ादरी चचा। ख़ूब हंसोड़ तबियत के इंसान थे और सुनाने के लिए उनके पास तमाम दिलचस्प क़िस्से थे। उन पर आरोप था कि उनके घर में एक ट्रांसमीटर मिला है, जिस पर वह पाकिस्तान बात किया करते थे। मुंह में कबाब रखते हुए भी किसी बात पर हो-हो करके हंसने वाले क़ादरी चचा की सूरत किसी भी तरह फ़िल्मों के उन विलेन से मेल नहीं खाती थी, जिनके घर में ख़ुफ़िया दरवाज़े या किताबों की अलमारी या बार के पीछे ऐसा ट्रांसमीटर छुपा होता था, जिसमें लाल रंग की कई बत्तियाँ जगमगाती दिखती थीं। वे दुनियादार और तजुर्बेकार इंसान थे, सो गाहे-बगाहे हौसला बंधाते रहते कि जब तक हम जेल में रहेंगे, कॉलेज वाले इम्तहान नहीं करा पाएंगे इसलिए परेशान होने की कोई ज़रूरत नहीं।

उनकी सोहबत और बतकही में हफ़्ता कैसे बीत गया, पता ही नहीं चला। हम सब तो ख़ैर लौट आए, कादरी चचा से विदा लेकर। वापसी में मिला रिहाई का रुक्क़ा अब नहीं मालूम कहां है, हालाँकि बहुत वर्षों तक सहेजकर रखा था। सोचा था कि आदर्श शहरी होने की यह निशानी आने वाली नस्ल को तोहफ़े में दूंगा। हालाँकि इतने अर्से के बाद अब यह इक़रार बेमायने है, फिर भी मुझे यह ज़रूर कहना है कि बब्बू भाई के घर पर ईंटें मैंने नहीं फेंकी थीं क्योंकि मैं तो उस समय इम्तिहान दे रहा था। मैंने अब तक की ज़िंदगी में कभी किसी के घर पर ईंट नहीं फेंकी।

और फिर कर्फ़्यू के पंद्रह रोज़

शहर की कुल आबादी में 58.58 फ़ीसदी हिन्दू और 38.8 फ़ीसदी मुसलमान हैं। सिख 0.90, ईसाई 0.78, जैन 0.05 और बौद्ध 0.05 फ़ीसदी हैं। बहुत मुश्किल लगने वाले मौक़ों पर भी लोगों ने अमन-चैन को नज़र नहीं लगने दी। आज़ादी के बाद हालाँकि चार ऐसे मौक़े भी आए जब शहर में कर्फ़्यू लगाने की नौबत आई थी और यह बंदिश अमूमन दो या तीन दिनों से ज़्यादा की नहीं रही। बँटवारे के बाद देश भर में मची उथल-पुथल के दौर में भी शहर 1947 में तीन दिनों तक कर्फ़्यू में रहा था। '80 में मुरादाबाद में हुए दंगे की ज़द में आने के बाद अलबत्ता छह दिनों तक कर्फ़्यू रहा।

1990 में अपनी रथयात्रा के दौरान भाजपा नेता लालकृष्ण आडवाणी ने कुमार टाकीज़ के नुक्कड़ पर भी सभा की थी, जहाँ आज़मनगर और सराय ख़ाम सरीखे मुस्लिम बहुत इलाक़े हैं। 1992 में बाबरी मस्जिद गिराए जाने के बाद तनाव के आलम में भी शहर ने अपना किरदार बचाए रखा था। मगर तीस सालों के बाद शहर एक बार फिर कर्फ़्यू की ज़द में आया और इस बार शहर की तारीख़ में यह सबसे लंबा कर्फ़्यू था, पंद्रह दिनों तक रहा। और इस बार चिंगारी किसी दूसरे शहर से उड़कर नहीं आई थी, अपने काम से काम रखने और एक-दूसरे का एहतिराम करने वालों की बहुतायत वाले हमारे अपने शहर से ही उठी थी।

सन् 2010 में दो मार्च का वाक़या है। उस रोज़ बारह-वफ़ात का जुलूस निकल रहा था, जुलूस के रास्ते को लेकर गुद्दड़ बाग़ में हुई झड़पें इतनी गहराईं कि चाहबाई, गुलाबनगर, कोहाड़ापीर समेत शहर के दीगर इलाक़ों में आतिश-ज़नी और फ़साद

के बाद कर्फ़्यू लग गया। अमनपसंद और सयाने लोग अचानक मवाली और बवाली हो उठे थे। अख़बारनवीस के तौर पर तब कर्फ़्यू में दहशतज़दा शहर का मंज़र ही नहीं देखा, आम आदमी पर टूटे क़हर, फ़ज़ीहतों के साथ उनकी बेबसी, हौसला और मददगारी के जज़्बे को भी क़रीब से देखा और महसूस किया। जली हुई दुकानों-मकानों से उठता धुआँ देखा, दरिंदगी के शिकार हुए लोगों को कराहते सुना, भूख से बिलबिलाते बच्चे और बेबस माँओं की आँखों से बहते आँसू देखे और इस सबके बीच बाहोश और फ़िक्रमंद लोगों से भी मिलता रहा।

सदर में मिल गए एक बुज़ुर्ग अक़रम ख़ाँ शहर के हालात से ख़फ़ा और झल्लाए हुए थे। कहने लगे कि सारे झगड़े की जड़ तो यही है कि अब दिलों के रास्ते बंद हो गए हैं। वरना हमारे ज़माने में कहाँ जुलूसों के रास्ते हुआ करते थे। जहाँ जी चाहा, जुलूस निकाल दिया। न पुलिस होती थी, न कोई एतिराज़ जताने वाला। फिर थोड़ा थमकर बोले, 'पहले लोगों में जहालत थी साहब, फिर भी अमन-चैन था। अब क़ाबिल लोग हैं, फिर भी झगड़े हो रहे हैं। हर कोई मरने-कटने को तैयार बैठा है।' बुज़ुर्ग की बात में तंज़ था मगर दम था। उनके चेहरे पर अफ़सोस दिखाई देता था।

उन बुज़ुर्ग की बात सुनकर हार्वर्ड यूनिवर्सिटी से आए स्टीव आई. विल्किन्सन की याद हो आई, जो हमारे शहर के समाजी हालात समझने के लिए '95 में यहाँ आए थे। उसकी तमाम जिज्ञासाओं में एक यह भी थी कि जब आसपास के ज़िलों में फ़साद होते हैं तो उनकी आँच से बरेली कैसा ख़ुद को बचा ले जाता है। उनके निष्कर्ष के बारे में तो बहुत मालूम नहीं, मगर अक़रम ख़ाँ की बात में उसके इस सवाल का जवाब ज़रूर मिल जाता है। दिलों के दरवाज़े खुले रहें तो मन में मैल नहीं रहता। देखते ही देखते हमारे शहर में एक और शहर कब आबाद हो गया, पता ही नहीं चला!

हालाँकि सन् 2005 में कैंब्रिज यूनिवर्सिटी प्रेस से विल्किन्सन की एक किताब आई, *वोट्स एण्ड वायलेंसः इलेक्टोरल कॉम्पिटिशन एण्ड कम्युनल राएट्स इन इंडिया*। इसमें उन्होंने बरेली के किरदार को और शहरों से अलग माना है। दंगों की अलग-अलग वजहों का विश्लेषण करते हुए उन्होंने तर्क दिया है कि अगर सामाजिक-आर्थिक कारण ही फ़साद की जड़ हैं तो फिर बरेली, जौनपुर और इलाहाबाद जैसे शहर सांप्रदायिक दंगों से अछूते कैसे रह जाते हैं जबकि यहाँ भी सामाजिक परिस्थितियाँ

कमोबेश वैसी ही हैं, जैसी कि मुरादाबाद, मेरठ, अलीगढ़ और अहमदाबाद में।

सेवा राम की इबादत ख़ुदा की

तो हमारे इसी शहर में एक सेठ फ़ज़लुर्रहमान भी हुए, जिन्होंने अपनी ज़मीन और एक लाख रुपये का दान देकर कटरा मानराय में लक्ष्मी-नारायण मंदिर बनवाया, राष्ट्रपति डॉ.राजेंद्र प्रसाद ने जिसका लोकार्पण किया था। चूंकि उनकी पहचान का नाम चुन्ना मियाँ था तो लोक ने इस मंदिर को चुन्ना मियाँ का मंदिर कहना शुरू कर दिया, अब भी इसकी यही पहचान है। मंदिर में दाख़िल होने पर श्रमदान करते हुए उनकी तस्वीर आज भी एक दीवार पर टंगी हुई मिल जाती है। इस्लामिया इंटर कॉलेज के गेट पर लगे पत्थर पर उनका नाम दर्ज है तो धोपेश्वरनाथ मंदिर के ट्यूबवेल और फ़र्राशी टोले में गुरुद्वारा गुरु तेगबहादुर साहिब में भी।

और उलफ़तों का शहर होने के मायने ख़ुलूस की उस सामूहिकता को संजोने के भी है, जिसमें नाम-कुल बेमतलब हैं। मॉडल टाउन के बाशिंदे जहाँ मत्था टेकने जाते हैं, उनमें से एक दरगाह मंदिर भी है। दरगाह मंदिर यानी गुरु गोरखनाथ के शिष्य रहे बाबा पीर रतननाथ जी का स्थान। उनकी मूल गद्दी पेशावर में थी और उनको मानने वाले क़ाबुल और कंधार में अब भी हैं। होती मर्दान से आए हुए लोगों ने 1966 में यहाँ यह मंदिर बनाया। कोई उन्हें पीर बाबा कहता है तो कोई पीर रतननाथ और अभिवादन हर श्री नाथ। रामनवमी का उत्सव यहाँ ख़ूब धूमधाम से होता है।

आलमगिरीगंज के नया टोला में बुध वाली मस्जिद है, जिसकी तामीर पंडित दातेराम शर्मा ने कराई थी। दातेराम जी के समय से ही मस्जिद के गेट की एक चाभी उनके घर में रहती आई है। फ़ज्र की नमाज़ से पहले ताला खोलकर मस्जिद की सफ़ाई की ज़िम्मेदारी उन्होंने ख़ुद ले रखी थी और अभी उनकी चौथी पीढ़ी के लोग भी यह परंपरा निभाते हैं।

और कहीं मनमुटाव के चलते, उकसाने की वजह से फ़साद हुआ, कर्फ़्यू लगा तो इसका यह मतलब हरगिज़ नहीं कि विरासत में मिली अपनी रवायतें लोगों ने बिसार दी हों। बहुसंख्य लोगों ने न सिर्फ़ याद रखा, उन पर अमल भी किया। उन्हीं दिनों में यह भी हुआ कि अयूब ख़ाँ चौराहे के क़रीब प्रसाद मार्केट में बने शिवालय के पुजारी

नंदा गुर्रानी कर्फ़्यू की वजह से मंदिर नहीं आ पाए। तो वहीं रहने वाले अज़ीज़ मियाँ ने मंदिर की साफ़-सफ़ाई और पट खोलने-बंद करने की ज़िम्मेदारी ख़ुद संभाल ली। पांचों वक़्त की नमाज़ पढ़ते और मंदिर का ख़्याल रखते। इस बात पर हैरान होने वाले लोगों से कहते कि वह सेवा राम की करते हैं और इबादत ख़ुदा की।

दो मार्च को बलवा करने वाली भीड़ ने पोशाकी लाल के घर पर भी हमला किया। उस समय घर में उनकी पत्नी, छह लड़कियाँ और तीन लड़के थे। पड़ोसी नईम और उनकी बीवी अम्मन बी उन सबको छत के रास्ते से अपने घर ले आए। भीड़ को पता चल गया तो नईम का घर उनके निशाने पर आ गया। किसी तरह दोनों परिवारों को बचाकर उन्होंने दूर के एक घर में जाकर पनाह ली। गुस्साई भीड़ ने दोनों घर फूँक डाले। घर जल गया मगर नईम ने इंसान होने का फ़र्ज़ पूरा किया।

ख़ुशबू इन्क्लेव में क़मर भाई का हजामत का ठीहा है, उनके वालिद की दुकान चौकी चौराहे पर हुआ करती थी, वहीं शाम को डोसा कॉर्नर चलाने वाले नायर ने संभवतः पहली बार गणपति उत्सव का आयोजन शुरू किया था। क़मर भाई तभी से न केवल गणपति की पूजा और आरती में शरीक होते आए हैं, बल्कि मूर्ति विसर्जन में भी साथ जाते, भंडारे में लोगों को खिलाते और ख़ुद भी खाते। आज भी मौक़ा निकालकर वहाँ चले जाते हैं। क़मर भाई, शर्मा जी या अज़ीज़ मियाँ शहर के मिजाज़ की नज़ीर भर हैं, कर्फ़्यू सरीखे किसी शोकगीत को ख़ामोश करती मध्यम स्वर वाली किसी बांसुरी या शहनाई की मीठी धुन की तरह, शहर के माथे पर लगे कलंक को हटाकर चमकते हुए किसी डिठौने की तरह।

11. शोले और जय संतोषी माँ

यह 1975 की बात है, जब एक बड़ी आबादी को अचानक बोध होना शुरू हुआ कि शुक्रवार को खटाई नहीं खानी चाहिए, पाप पड़ता है। साल की शुरुआत में प्रसाद टाकीज़ में लगी 'दीवार' धूम मचाकर जा चुकी थी और 'मेरे पास माँ है ...' वाला डायलॉग लोकोक्ति का दर्जा पा चुका था कि 15 अगस्त को प्रभा में 'शोले' और जगत में 'जय संतोषी माँ' रिलीज़ हुई। अलग-अलग मिज़ाज की इन दोनों फ़िल्मों ने शहर के अलग-अलग तबक़ों पर गहरी छाप छोड़ी।

'शोले' के गब्बर, कालिया और सुरमा भोपाली नौजवानों की बातचीत के ढंग में रच-बस गए और बाज़ार निकलने पर मोती पार्क के ठिकानों पर चाट और गोलगप्पे के ज़ाइक़े के लिए बरबस रुक जाने वाली महिलाओं पर 'जय संतोषी माँ' ने ऐसी छाप छोड़ी कि चटनी में अमचूर की कौन कहे, हफ़्ते में एक रोज़ उन्होंने घर की सब्ज़ी में टमाटर डालना भी छोड़ दिया। 'शोले' के बारे में तो सब जानते ही हैं, लेकिन बॉक्स ऑफ़िस पर 'जय संतोषी माँ' भी ऑल टाइम ब्लॉकबस्टर साबित हुई थी। और जिस सिनेमाघर में यह फ़िल्म लगी थी, वह शहर के व्यस्ततम बाज़ार के बीच में हुआ करता है।

उस दौर में आम लोगों के लिए फ़िल्मों की सफलता का पैमाना बॉक्स ऑफ़िस कलेक्शन नहीं, बल्कि सिल्वर, गोल्डेन और प्लेटिनम जुबली हुआ करता था। कोई फ़िल्म लगातार 25 हफ़्तों तक चली तो सिल्वर जुबली और 50 हफ़्ते पर गोल्डन जुबली और 75 हफ़्तों तक चलने वाली फ़िल्म प्लेटिनम जुबली का ख़िताब पाती।

मल्टीप्लेक्स के दौर में फ़िल्में जब हफ़्ते-दो हफ़्ते ही चल पाती हैं, इतने लंबे समय तक चलने वाली फ़िल्मों को अजूबे से कम नहीं माना जा सकता। सन् 72 में जब 'पाकीज़ा' आई तो हफ़्ते भर में ही नई फ़िल्मों के लगातार हाउस फुल जाने की रवायत दूसरे हफ़्ते में ही टूट गई थी। यह फ़रवरी की बात है, मार्च में मीना कुमारी का इंतक़ाल होने के बाद प्रसाद टाकीज़ में यह फ़िल्म लंबे समय तक चलती रही थी। ख़लील हायर सेकेंड्री स्कूल की दीवार जो शहरियों के लिए फ़िल्मों का नोटिसबोर्ड हुआ करती थी, पर

सिल्वर जुबली के ठप्पे वाला सिक्स शीटर पोस्टर गवर्नमेंट कॉलेज आते-जाते हम देखा ही करते थे। यों 'मुग़ले आज़म', 'हीर राँझा', 'लैला-मजनूँ' जैसी कुछ फ़िल्में थीं, जो घटे दर पर दिखाई जातीं और साल-डेढ़ साल में किसी न किसी सिनेमाघर में लग ही जाती थीं। लेकिन हफ़्ते भर के लिए ही आने वाली ये फ़िल्में लगातार हाउस फुल जातीं।

सिनेमाघर का मतलब तब सिंगल स्क्रीन थियेटर ही हुआ करते थे और शहर में तब 12 सिनेमाघर थे। कैंट में सबसे पुराना खपरैल की छत वाला ग्लोब थिएटर, जो बाद में नटराज कहलाया। और प्रेमनगर इलाक़े में तारा टाकीज़ सबसे बाद में बना यानी कि सबसे नया। इम्पीरियल और नॉवेल्टी की जगह पर अब शॉपिंग कॉम्प्लेक्स बन गए हैं। मधुबन, कमल, तारा और कलक्टरगंज में बैरो पैलेस हो गया चलचित्र निगम का सिनेमाघर अर्से से वीरान पड़े हैं।

नटराज, कुमार, प्रसाद, हिंद, प्रभा और जगत ही हैं, जो सिनेमा प्रेमियों की गुज़रे ज़माने की यादें बचाए हुए अब तक चल रहे हैं, हालांकि इस बीच इनके मालिक बदलते रहे और थोड़ा-बहुत फेरबदल सिनेमाघरों में भी हुआ है। देखा जाए तो ये सिनेमाघर भी शहर की धरोहर वाली इमारतों से कम नहीं हैं, अलग-अलग दौर में बनी इनकी इमारतें अपने दौर के मुताबिक अधुनातन और मालिकान की पसंद वाली वास्तुकला का नमूना हैं, कि हर इमारत दूसरे से एकदम मुख़्तलिफ़ रचाव वाली।

प्रसाद मेरा पसंदीदा सिनेमाघर रहा और उसकी दो वजहें थीं – एक तो गवर्नमेंट कॉलेज से इसकी नज़दीकी और दूसरे इसके मैनेजर तौफ़ीक़ अहमद जाफ़री की बाबूजी से दोस्ती। सो बुकिंग क्लर्क से लेकर गेटकीपर और स्वीपर तक सभी से दोस्ती थी। उस दौर में जब सिनेमा के टिकट ब्लैक करना भी एक क़िस्म का रोज़गार था और कम से कम पहले हफ़्ते में सिनेमाघरों में बंपर भीड़ हुआ करती थी, मैं कॉलेज के दोस्तों के साथ पहले ही शो में जा धमकता। कई बार कोने में खड़े होकर या फिर प्रोजेक्शन रूम में ऊँचे स्टूल पर बैठकर फ़िल्म देख ही आता।

'ब्ल्यू लगून' के पहले शो में हार्टमैन कॉलेज के तमाम विद्यार्थी पहुँचे, छात्राएं भी थीं। फ़िल्म शुरू हुए थोड़ा वक़्त ही गुज़रा था कि अचानक हॉल की सारी लाइटें जल उठीं। सिनेमाघर के केयरटेकर तिवारी हड़बड़ाए हुए बालकनी में घुसे और मुझे और मेरे दोस्त मलिक को साथ लेकर झट बाहर निकल आए। मालूम हुआ कि छात्राओं

के साथ छेड़खानी की शिकायत पर जाफ़री अंकल ने कोतवाली फ़ोन करके पुलिस बुला ली थी और पुलिस ने उन शोहदों को तलाश करने के लिए फ़िल्म रुकवा दी थी। आमतौर पर रील टूट जाने पर पर्दे से फ़िल्म ग़ायब होने पर सीटियों का शोर बरपा कर देने वाले लोग उस रोज़ ख़ाकी वर्दी वालों को देखकर एकदम ख़ामोश बने रहे। उस रोज़ अपनी हिमाक़त पर पहली बार ख़ुद मैं भी काँप उठा था।

सिनेमाघरों में फ़िल्में बदलने का दिन तब बृहस्पतिवार होता था। शाम के शो में जाने पर यह भी होता कि तिवारी बर्फ़ी या कोई मिठाई लाकर दे जाते। यह प्रसाद होता था। असल में प्रसाद टाकीज़ में हर जुमेरात को एक छोटा अनुष्ठान होता था। सिनेमाघर के सारे कर्मचारी एक-एक रुपया देते और प्रबंधन की तरफ़ से ग्यारह रुपये प्रसाद के लिए जमा होते।

प्रसाद टाकीज़ में बरसों काम कर चुके नागेश गुप्ता का तजुर्बा है कि वहाँ किसी अदृश्य ताक़त की मौजूदगी है, जो मुश्किलों से हिफ़ाज़त भी करती है। उस रात का वाक़या वह अब भी नहीं भूले हैं, जब तिवारी छुट्टी पर थे और उन्हें सिनेमाघर में ही रुकना पड़ा था। बकौल नागेश, वह मेन गेट पर चारपाई डाले सो रहे थे कि देर रात को खट् से दरवाज़ा खुलने की आवाज़ आई, उनकी नींद खुल गई। देखा कि दरवाज़े से एक काला बिल्ला उछलकर बाहर आया और फिर एक आवाज़ सुनाई दी, 'ए लड़के, रास्ते से हट!' आप चाहें तो इसे वहम मान सकते हैं, मगर उनके लिए यह सच्चा तजुर्बा है।

यों शहर में ऐसे कई सिनेमाघर हैं, जहाँ मज़ार या कोई पवित्र स्थल या कोना मौजूद हैं और सिनेमाघर चाहे जिसकी मिल्कियत रहे हों, इनके प्रति श्रद्धा व्यक्त की जाती रही है। हिंद और नटराज टाकीज़ के पिछले हिस्से में मज़ार हैं, कुमार टाकीज़ की इमारत के बगल वाले हिस्से में भी एक कोना है, जो बहुतेरे लोगों की श्रद्धा का केंद्र रहा है।

चरित्र अभिनेता ओम प्रकाश ने हमारे शहर में जो सिनेमाघर बनवाया उसे अपनी पत्नी का नाम दिया। उनकी पत्नी का नाम प्रभा था। 70 एमएम वाली फ़िल्में दिखाने वाला पहला स्क्रीन 'प्रभा' का ही था, बेहतरीन आवाज़, बैठने का आरामदेह इंतज़ाम और साफ़-सफ़ाई का अनुशासन उसकी ख़ूबियों में शुमार होता था। पॉप कॉर्न की

पहली मशीन यहीं लगी। और मजाल है कि अंदर दाख़िल होने के बाद कोई बीड़ी या सिगरेट सुलगा भी ले।

तो इमरजेंसी के दिनों में इसी प्रभा सिनेमा का एक क़िस्सा ख़ूब चर्चित रहा था। कपूर साहब तब मैनेजर हुआ करते थे। एक रोज़ उन्हें कहीं से भनक लगी कि नाइट शो छूटने के बाद पुलिस लोगों को पकड़कर नसबंदी कराने के लिए ले जाने वाली है। कपूर साहब के लिए यह सिनेमाघर की साख का सवाल था। ख़बर सही थी क्योंकि एक बड़ी गाड़ी के साथ कुछ पुलिस वालों को सिनेमाघर के बाहर मंडराते देखा गया। कपूर साहब ने कैंटीन के ठेकेदार को घर से बुला भेजा, ढेर सारे समोसे और चाय बनाने के लिए कहा, सारे दरवाज़े और गेट बंद करा दिए और फ़िल्म छूटने के पहले अंदर जाकर दर्शकों को हालात की गंभीरता समझाते हुए कहा कि वे घबराएं नहीं और अपनी जगह पर ही बैठे रहें। समोसों से दर्शकों की ख़ातिर की गई और फ़िल्म फिर से चला दी गई। भीड़ के बाहर निकलने का इंतज़ार कर रहे पुलिस वाले जब झक मारकर लौट गए तो भोर में सिनेमाघर के दरवाज़े खोले गए।

शोहरत की नज़ीरें

इधर एक अर्से से कुछ लोगों ने शहर को नाथनगरी भी कहना शुरू किया है। इसके मूल में छह ऐसे प्राचीन मंदिर हैं, जो अलग-अलग कोनों में शहर की पुरानी हद पर बने हुए हैं – मढ़ीनाथ, अलखनाथ, धोपेश्वरनाथ, तपेश्वरनाथ, वनखंडीनाथ और त्रिवटीनाथ। इन मंदिरों की प्राचीनता और इनके बनने के बारे में अलग-अलग जनश्रुतियाँ प्रचलित हैं। ये कितने पुराने हैं, इसके बारे में सिर्फ़ अंदाज़ा लगा सकते हैं। हालांकि इनके विस्तार और जीर्णोद्धार के बावजूद बहुत कुछ पुराना है, जो अब तक बचा हुआ है।

बीसवीं सदी के आख़िर में पीलीभीत बायपास पर एक और पशुपतिनाथ मंदिर बना, जो काठमांडू के मंदिर की छोटी प्रतिकृति कहा जाता है और जिसे एक दौर के बड़े बिल्डर जगमोहन ने बनवाया। सावन के महीने में इन मंदिरों में बेशुमार भीड़ जुटती है, मगर बहुतेरे शहरी ऐसे हैं, यहाँ जाना जिनके नित्य कर्म का हिस्सा है। उन दिनों जब कुआँ सलामत था, लोग अपने कपड़े लिए-दिए सुबह की सैर को

निकलते, अलखनाथ मंदिर जाते, वहीं नहाते-धोते और दर्शन-पूजा के बाद लौटते। धोपेश्वरनाथ मंदिर परिसर में तो ख़ैर एक बड़ा तालाब ही है।

नवरात्रि में नौदुर्गा मंदिर में ख़ूब धूमधाम रहती है। यों साहूकारा में इस मंदिर तक पहुँचने का रास्ता थोड़ा तंग है, मगर लोगों को इससे बहुत फ़र्क़ नहीं पड़ता। हालाँकि इन दिनों में तक़रीबन हर मोहल्ले में बने छोटे-बड़े देवी मंदिरों और मठिया पर भी रौनक और भीड़ रहती है। इतने पर भी, शायद ही कोई चौराहा ऐसा हो, सुबह-शाम जहाँ से गुज़रते हुए लाल कपड़ा और मिट्टी के पात्र न दिखाई दें और कहीं-कहीं दीया भी। इंसानी ज़िंदगी में तक़लीफ़ों के कितने ही रंग हैं, लाल कपड़े की ये पोटलियाँ या मिट्टी की हाँडियाँ दरअसल उन तक़लीफ़ों से पार पाने की उम्मीद की निशानियाँ हैं।

सिविल लाइंस का हनुमान मंदिर काफ़ी पुराना है और मंगलवार को तक़रीबन आधी रात तक खुला रहता है। बड़ा बाग़ मंदिर में दक्षिणमुखी प्रतिमा है, सो उस मंदिर का भी बड़ा महात्म्य है। लखनऊ वालों की देखा-देखी हाल के वर्षों में बड़ा मंगल और बुढ़वा मंगल पर उत्सव मनाने और भंडारा करने की रीत भी ख़ूब चल निकली है और हनुमत जयंती पर भव्य आयोजन की भी। तुलसी मठ और चंपतराय मंदिर कहीं ज़्यादा पुराने धर्मस्थल हैं। चंपतराय मंदिर देव प्रतिमाओं की विशिष्टता की वजह से भी पहचाना जाता रहा, हालांकि वर्षों से वहाँ हलचलें थमी हुई हैं।

यों वास्तुकला के नमूने देखने हों, तो हमारे शहर के चर्च भी देखे जा सकते हैं। यहाँ कुल 26 चर्च हुआ करते थे। इनमें से एक कुतुबख़ाना के क़रीब बने सब्ज़ीमंडी गिरजाघर की याद बहुतों को है, जो बाद में टूट गया और उस जगह पर अब बाज़ार बन गया है। हेलेन रोड यानी कैंट और सिविल लाइंस की सरहद पर बना क्राइस्ट चर्च अक़ीदतमंदों के चंदे से 1838 में बना था, विक्टोरियन वास्तुशिल्प पर आधारित सेंट स्टीफंस चर्च की तामीर 1861 में हुई। पादरी डॉ. विलियम बटलर 29 नवंबर 1856 को बरेली आए। ये वही बटलर हैं, जिनकी रिहाइश की जगह पर अभी बटलर प्लाजा नाम का शॉपिंग कॉम्प्लेक्स बना हुआ है। बियाबानी कोठी के क़रीब पहले पहल उन्होंने फूस का एक घर बनाया, 20 फरवरी 1857 को जहाँ पहली प्रार्थना सभा हुई, जिसमें आठ लोग शरीक हुए। बाद में जब प्रार्थना के लिए बड़ी जगह की ज़रूरत महसूस हुई तो 25 दिसंबर 1870 को क्राइस्ट मेथोडिस्ट चर्च की नींव रखी गई। 1872 में बनकर

तैयार हुआ यह चर्च ख़ूबसूरती और वास्तुकला की अनूठी मिसाल है।

नई बनी सरहदों के पार से आकर सुभाषनगर में आबाद हुए लोगों ने एक कमरे में जो गुरुद्वारा बनाया, वहाँ अभी कीर्तन और लंगर में पाँच सौ से ज़्यादा लोगों के बैठने का इंतज़ाम है, दो ख़ूब बड़े हॉल और ठहरने के लिए कई कमरों की भव्य इमारत है। यह गुरुद्वारा गुरुसिंह सभा शहर का पहला गुरुद्वारा है। फ़र्राशी टोला में गुरु तेगबहादुर की स्मृति को समर्पित गुरुद्वारा दूसरा है। अब तो ख़ैर शहर के हर हिस्से में गुरुद्वारे हैं, मॉडल टाउन, जनकपुरी, आईज़टनगर, संजयनगर के गुरुद्वारों की भव्यता आकर्षित करती है।

सूफ़ी रवायतों, ख़ासकर चिश्ती और देवबंदी सिलसिले के असर में 18वीं और 19वीं सदी में जिस बरेलवी आंदोलन की शुरुआत हुई, उसका स्वरूप गढ़ने और उसे मज़बूत करने में इमाम अहमद रज़ा ख़ान का ख़ासा योगदान रहा है। यह आंदोलन वहाबीबाद के ख़िलाफ़ सूफ़ी रवायतों के पक्ष में शुरू हुआ। उनके पुरखे कंधार के पठान थे और नादिर शाह के साथ हिंदुस्तान आए, फिर यहीं आबाद हो गए। सौदागरान मोहल्ले में मरक़ज़-ए-अहले-सुन्नत की ज़ियारत दुनिया भर के अक़ीदतमंदों की ख़्वाहिश होती है।

सुन्नी मसलक के धार्मिक गुरु और रूहानी पेशवा इमाम अहमद रज़ा ख़ान फ़ाजिले बरेलवी को आला हज़रत के नाम से जाना जाता है। बचपन से ही वह इतने ज़हीन थे कि क़रीब चौदह साल की उम्र में ही मज़हबी तालीम पूरी करके फ़तवे लिखने शुरू कर दिए थे। *फ़तवा-ए-रज़विया* बारह ज़िल्दों की ऐसी किताब है, जिसमें उनके दिए हुए 5,204 फ़तवे महफ़ूज़ हैं और जो दुनिया भर में बेहद मक़बूल किताब है। अंग्रेज़ों के ख़िलाफ़ भी उन्होंने कई फ़तवे लिखे। उनका कहना था कि तिजारत के बहाने हाकिम बन कर फिरंगी हमारे मुल्क के लोगों पर ज़ुल्म कर ढहा रहे है।

मज़हबी और दुनियावी इल्म के साथ ही वह अंकगणित, बीजगणित, अर्थशास्त्र, भूगोल, दर्शनशास्त्र, रसायन शास्त्र, भौतिक शास्त्र, इतिहास, सांख्यिकी, खगोलशास्त्र और ज्योतिष समेत तमाम विषयों के जानकार थे। कहते हैं कि अलग-अलग विषयों पर उन्होंने एक हज़ार से ज़्यादा किताबें लिखीं। 1904 में सौदागरान में उन्होंने मदरसा मंज़र-ए-इस्लाम भी शुरू कराया।

12. दोराहे पर पड़ा हुनर

शहर में ई-रिक्शा चलाने वाले, फल या सब्ज़ी का ठेला लगाने वाले, किराने का छोटा-मोटा स्टोर चलाने वाले, साइकिल पर बिस्कुट-बन की फेरी लगाने वालों से कभी बात करके देखें तो उनमें से बहुतेरे ज़री-ज़रदोजी के पुराने कारीगर निकल आएंगे। पहले नोटबंदी, फिर जीएसटी और फिर कोविड की महामारी के बाद उनके रोज़गार में इतनी बरकत नहीं रह गई कि अपना घर चला सकें तो हुनर दरकिनार करके उन्होंने दूसरे धंधे अपना लिए।

एक ज़माना था, जब बरेली में ज़री का काम बड़े पैमाने पर हुआ करता था, कारख़ानों के साथ ही पुराने शहर के घर-घर में और आसपास के गांवों में भी ज़री-ज़रदोज़ी कारीगर मिल जाते। घर के कामों से ख़ाली होकर औरतें-लड़कियाँ भी इस काम में जुटतीं। दूसरे तमाम शहरों में तो मांग थी ही, दिल्ली-बरेली के कुछ बड़े कारोबारी एक्सपोर्ट भी किया करते थे। एक्सपोर्ट तो ख़ैर अब भी होता है, पर अब सूरते-हाल कुछ और है।

सरकार की 'एक ज़िला एक उत्पाद' यानी ओडीओपी योजना में बरेली की ज़री-ज़रदोज़ी शामिल होने के बावजूद कारीगरों को अपनी ज़िंदगी में बेहतरी की कोई उम्मीद दिखाई नहीं देती क्योंकि उनके हुनर का मुक़ाबला केवल बदायूँ, कासगंज, शाहजहाँपुर, लखनऊ, उन्नाव और चंदौली के हमबिरादरों से ही नहीं है, जहाँ के ज़री उत्पाद ओडीओपी में शामिल हैं, बल्कि मशीनों से भी है।

शहर की एक और पहचान रहे माँझे का वजूद चाइनीज़ माँझा कही जानी वाली सिंथेटिक डोर की वजह से पहले से ही ख़तरे में है। दूर-दूर तक शौक़ीन पतंगबाज़ी के मुक़ाबले में बरेली के माँझे पर नाज़ करते आए, मगर अब सस्ते और मज़बूत और नान-बायोडिग्रेबिल चाइनीज़ माँझे का बाज़ार पर कब्ज़ा है। नए क़िस्म की इस डोर से होने वाले बेशुमार हादसों और लोगों की जान जाने, नेशनल ग्रीन ट्रिब्यूनल और अदालतों के कई आदेश के बावजूद सिंथेटिक डोर की बिक्री थमी नहीं है।

आँखों का इलाज करने वाले डॉक्टरों ने जब से मरीज़ों को सुरमा लगाने की

मनाही करनी शुरू की, सुरमे को सुन्नत मानने वालों के सिवाय बाक़ी आबादी ने इससे बचना शुरू कर दिया। सो ज़्यादातर सुरमा अरब देशों के बाशिंदों की ख़ातिर ही बनता है। असम से आने वाले बेंत की जो क़ीमत अब चुकानी पड़ती है, फ़र्नीचर के उतने दाम मिल नहीं पाते तो वह हुनर भी धीरे-धीरे किनारे लग गया।

19वीं सदी के दूसरे दशक में बरेली के मजिस्ट्रेट रॉबर्ट ग्लिन ने ग़ुलाम याह्या को शहर के कुछ कारीगरों के हुनर और काम का ब्योरा दर्ज करने की ज़िम्मेदारी दी। उन्होंने जिन ग्यारह क़िस्म के हुनरमंदों के बारे में विस्तार से लिखा है, ज़ाहिर है कि वे बहुसंख्य लोगों की आजीविका का ज़रिया रहे होंगे। इनमें तारकशी का काम भी शामिल है, यानी सोने और चाँदी के तार बनाने का हुनर और ये तार ज़री-ज़रदोज़ी कारीगरों के ही काम आते हैं। मेहर अफ़शां फ़ारूक़ी ने इस दस्तावेज़ का अंग्रेज़ी तर्जुमा किया है, जिसमें काँच के कुटीर उद्योगों का ज़िक्र भी आता है, काँच की बोतलें, शीशियाँ और चूड़ियाँ बनाने वाले का काम।

चूड़ियाँ बनाने वालों की इतनी क़द्र थी कि वे सात-आठ रुपये महीना कमाते थे। और हमारे दौर में शायद ही किसी को इस काम के बारे में ख़बर भी हो। बीसवीं सदी के आख़िर तक शहर में कपड़े धोने का साबुन बनाने के ही कितने कारख़ाने हुआ करते थे, जिनका नाम और ब्राँड मैदानों से लेकर पहाड़ों तक पहचाना जाता था। उत्तराखण्ड के अलग राज्य बन जाने और फिर ब्राँडेड साबुन की आक्रामक मार्केटिंग यह कारोबार भी ले डूबी।

दिहाड़ी पर मज़दूरी करने वालों का एक ही ठिकाना हुआ करता था – कुतुबख़ाना घंटाघर। शहर और आसपास के गाँवों से भी मज़दूर-मिस्त्री दोपहर का खाना थैले में रखकर सवेरे-सवेरे वहाँ पहुँच जाते थे और जिन्हें उनके श्रम और हुनर की ज़रूरत होती, घंटाघर से बुला ले जाते। इनमें से ज़्यादातर लोग इमारत बनाने, मरम्मत करने, माल की ढुलाई करने और पुताई करने का काम करते हैं, जो शाम होते-होते अपनी मज़दूरी लेकर लौट जाते हैं। उनके इकट्ठा होने की जगह मज़दूरों का अड्डा कही जाती है। और ऐसे अड्डे अब सुभाषनगर में चौरासी घंटा मंदिर के आसपास, बीसलपुर चौराहा और शील चौराहे पर भी बन गए हैं। मारवाड़ीगंज में तो एक पुलिया को ही मज़दूरों वाली पुलिया का नाम मिला हुआ है। जहाँ आमतौर पर ऐसे मज़दूर जुटते हैं, जिन्हें शाम या रात में चलने वाले काम के लिए बुलाया जाता है।

ऐसे अड्डों से गुज़रते हुए इन मज़दूरों के चेहरों पर लिखी उदासी और उम्मीद पढ़ना बेचैन करने वाला तजुर्बा होता है। वहाँ रुकने वाले किसी स्कूटर या बाइक को जिस तरह घेरकर वे खड़े हो जाते हैं, मज़दूरी को लेकर मोल-भाव करने वालों को जिस नज़र से देखते हैं और कई बार काम नहीं मिलने पर जिस तरह हताश होते हैं, वह परेशान कर देता है। इन कुशल और अकुशल मज़दूरों की भीड़ में कुछ ऐसे भी मिल जाते हैं, जो छोटी जोत के किसान होते हैं, मगर अपने गाँव-जवार में मज़दूरी करने की हिम्मत नहीं जुटा पाते, इसलिए शहर चले आते हैं।

बक़ौल साग़र ख़य्यामी, कुछ दिन के ब'अद देखना स्मार्ट हो गया/ किक मारने से आदमी स्टार्ट हो गया। तो यह जो स्टार्ट हुआ स्मार्ट आदमी है न, बस भिन्नौट घूमे चला रिया है। एक हाथ में बाइक की मुठिया, दूसरे में फ़ून लिए बतियाये चला जा रिया है। मोटर में बैठा है तो भी एक कान पर स्मार्ट फ़ोन चिपका हुआ है। पैदल है तो निगाहें नीचे स्क्रीन पर या सिर उठाए है तो बावलों की तरह बोलता-बड़बड़ाता गुज़र जाता है, अकेला है या किसी महफ़िल में, फ़ून पास न हो तो बेक़रार रहता है। आप टैम्पू में हों या ई-रिक्शा में, किसी कन्सर्ट में या फिर नाटक में, किसी उत्सव में या ग़मी की जगह, ऐसे स्मार्टपने से रूबरू हुए बग़ैर रह नहीं सकते। स्वर आघात की इस सतत प्रक्रिया का नतीजा यह है कि ख़ालिस बरेलवी को आप भीड़ में भी बड़ी आसानी से पहचान सकते हैं।

विद्वान मानते हैं कि बरेली की ज़बान ब्रज, हिंदी और उर्दू से मिलकर बनती है, पर यह अकादमिक निष्कर्ष है। यह सही है कि खड़ी बोली बरतने वालों के साथ ही, मुसलमानों और कायस्थों की भी एक बड़ी आबादी होने के नाते उर्दू यहाँ की आम ज़बान में घुली-मिली है फिर भी बाज़ इलाक़ों में बोली और लहज़ा इतना विशिष्ट है कि पड़ोस के ज़िलों बदायूँ और शाहजहाँपुर से भी मेल नहीं खाता। थोड़ा-बहुत रामपुरी के क़रीब ज़रूर है और अगर लयकारी निकाल दें तो कुछ-कुछ करखनदारी की तरह।

बुशर्ट यहाँ बुकसैट है, पायजामा पैजामा, तह-बंद तैमद, सिगरेट सिरगट और लखनऊ नखलऊ है, सैकिल (साइकिल), फटफटी (मोटरसाइकिल), रक्शा (रिक्शा), ब्याओ (ब्याह), बऊ (बहू), धई (दही), लोया (लोहा), पल्ली पार (उस पार), पैले (पहले), बापिस (वापस), स्वेरे (सवेरे), दुपैर (दोपहर), जे (ये) काँ (कहाँ), कई (कहा), उन्ने (उन्होंने), भौत (बहुत), लिकरना (निकलना), दरबज्जा

(दरवाज़ा), फून (फ़ोन), फोटू (फ़ोटो), कर्रा आदमी (सख़्त मिज़ाज), बेफालतू (फ़ालतू/ बेकार), कोरट-कचैरी (कोर्ट-कचहरी) और फिलिम (फ़िल्म) जैसे बेशुमार शब्द हैं, जो अलग तरह बरते जाते रहे हैं। और यह बरताव ही आपको उनके बीच का या फिर बाहरी साबित कर सकता है।

ब और व तो ऐसा मसला है कि ज़बान की आपकी समझ पर सवाल खड़े कर सकता है। यहाँ महाठंडी वीयर की दुकान हो सकती है, वदाऊँ जा रहे हों तो आपसे बापसी का समय पूछा जा सकता है, आप वता दें तो सई बरना कोई वात नहीं। सुबै मार्निंग में बाक करने या फिर बैट-बल्ला खेलने और फल-फ्रूट खाने से सेहत दुरुस्त रखने का मशविरा यहीं मिलता है। बचपन से लेकर बड़े होने तक जिन मोहल्लों में रहा हूँ, वहाँ पास-पड़ोस में रहने वाली रज्जो की अम्मा, सोमतिया की अम्मा, राजू की अम्मा, माता जी, काम के लिए आने वाली बंबई वाली, राधा और ऐसे कितने ही लोग रहे, जिनकी बोली सुनना यह ख़ास ज़बान समझने का पहला क़ायदा साबित हुआ।

साग़र ख़य्यामी के ख़्याल से अलग ऑक्सफ़ोर्ड वाले बताते हैं कि विशेषण के तौर पर स्मार्ट का मतलब आकर्षक है, साफ़-सुथरा या बना-ठना है, औपचारिक मौक़ों पर पहनने लायक़ पोशाक भी है। वेब्स्टर के पन्नों में इसका पर्यायवाची कुशाग्र, तेज़ और चालाक भी है। उन चुनिंदा शहरों की फ़ेहरिस्त में बरेली भी शामिल है, सरकार ने जिनको स्मार्ट सिटी बनाने का संकल्प ले रखा है। मगर शहरी अपने तजुर्बे से जानते हैं कि शब्दकोष वाले मतलब से कहीं ज़्यादा मुनासिब तो साग़र ख़य्यामी का शेर है। दाग़ कहते हैं कि ... ख़ुशी की बज़्म में क्या काम जलने वालों का, तो इसी पर अमल करते हुए स्मार्ट सिटी लिमिटेड ने शहर के तमाम इलाक़ों में मोटी रक़म ख़र्च करके सड़क किनारे जो फैंसी लाइटें लगाईं, उनकी रौशनी गुल कर रखी है।

इंतज़ामिया के लोग असग़र गोंडवी पर भी एतबार रखते हैं तो मानते हैं कि ... अगर आसानियाँ हों ज़िंदगी दुश्वार हो जाए। तो कोतवाली से कोहाड़ापीर तक के पुल पर किसी तरह चढ़ जाने के बाद किसी मुसाफ़िर को जो आसानी फ़राहम की गई है, पुल से उतरने के बाद की दुश्वारियाँ इस मिसरे का मतलब समझने में मदद करती हैं। चौपुला से बदायूँ रोड वाले पुल पर चढ़ते-उतरते हुए या फिर पुलिस लाइंस से फ़्लाईओवर पर चढ़कर सिटी सब्ज़ी मंडी या मढ़ीनाथ के रास्ते जाने वालों का तजुर्बा भी इसी में शामिल है।

हमारे शहर में पहले एक बस अड्डा बना – बसों का सेटेलाइट ठिकाना। जैसा कि होता है, बस अड्डा बना तो मुसाफ़िरों को सहूलियत देने वाले कई और धंधे जुटे- रेवड़ी, पेठा, फल, चाट, पानी, पान, रिक्शा, टेंपो ... पीलीभीत बायपास पर बसती गई आबादी को बस पकड़ना थोड़ा आसान हुआ, सड़कों पर आमदरफ़्त में यों कोई ख़ास फ़र्क़ नहीं पड़ता था। फिर सड़क के कोने पर डिवाइडर घेर कर पुलिस की चौकी भी बन गई। ट्रैफ़िक के इंतज़ाम में उनकी कोई ख़ास ज़रूरत न थी तो वे बाहर पड़ी कुर्सियों पर आराम करते दिखते।

फिर इंतज़ामिया को जाने कैसे इलहाम हुआ कि सड़क पर बहुत भीड़भाड़ है तो यहां फ़्लाईओवर बनना चाहिए। अब नेता जो चाह लें उसे तो होना ही है सो हो गया। इस पुल के बनने के फ़ायदे तो ख़ैर वे ही जानते होंगे, यह जिनके ख़्वाबों की ताबीर था मगर उधर से गुज़रने वाले जानते हैं कि इस अच्छे-ख़ासे चौराहे पर अब रात-दिन जाम लगा रहता है। पुलिस को काम मिल गया है।

इस पुल के नीचे की जगह जाने कैसे रोडवेज ने अपने नाम कर ली है। तीन बसें पुल के नीचे और दो या तीन बंद फ़ौजी गेट की ओर, और इतनी ही पेट्रोल पंप तक सड़क किनारे हमेशा खड़ी मिलती हैं। इसके बीच जो जगह बचती है, वह ख़ुशकिस्मत शहरियों को मयस्सर है। वह भी तब जब ई-रिक्शा वाले मेहरबान होकर जगह दे दें।

शहर के चौराहों पर ट्रैफ़िक लाइट लग गईं और सिग्नल तोड़ने पर जुर्माना होने लगा तो लाल बत्ती देखकर शहरी अब ठहरने लगे हैं। मगर चूंकि जल्दी में रहते हैं, इसलिए ज़ेब्रा क्रॉसिंग पर जाकर रुकते हैं, ताकि सबसे आगे वे ही रहें। फ़र्स्ट क्लास शहरी!

आभार

सर्वश्री राजुल माहेश्वरी, सुरजीत सिंह, शब्बू मियाँ नियाज़ी, सुधीर विद्यार्थी, ख़ालिद जावेद, डॉ. महेश मेहरोत्रा, डॉ.बृजेश्वर सिंह, चरन कंवलजीत सिंह, मनोज दीक्षित, अरविंदर सिंह, अम्बुज कुकरेती, राजू चौहान, दानिश अहमद ख़ान, महबूब आलम, तस्नीम शम्सी, रुपाली दामजी, नवीन कालरा, अनुष्का मिश्रा, हकीम ख़ुर्शीद, जॉन दयाल, राजा सेठी, रेवरेंड हेराल्ड अबिताभ, रेवरेंड मेल्विन चार्ल्स, दयानिधि एण्डूज़, गुलशन आनंद, भुवन सिंह, शावेज़ लतीफ़, नागेश गुप्ता, सतीश कश्यप, संदीप सक्सेना, मुन्नी लाल अग्रवाल, अमित आहूजा और उन सभी लोगों की मेहरबानियों के लिए कृतज्ञ हूँ, जिन्होंने बातचीत के लिए समय ही नहीं दिया, मेरी जिज्ञासाओं के समाधान में भरपूर मदद भी की।

उन सभी शायर हज़रात का भी तहेदिल से शुक्रिया, जिनके मिसरों ने मुझे अपनी बात कहने की बुनियाद मुहैया की।

यह किताब लिखने के लिए उकसाने वाले डॉ. प्रेमकुमार और पूरे धैर्य के साथ मशविरा देते हुए इसे पूरा करा लेने के लिए संजय कुंदन का भी बहुत शुक्रगुज़ार हूँ।

संदर्भ

बरेली गज़ेटियर (एच.आर.नेविल, 1911), अमर उजाला आर्काइव, वॉर ऑफ़ सिविलाइजेशन्सः इंडिया एडी 1857 (अमरेश मिश्र, रूपा एण्ड कम्पनी, 2008), संवाद न्यूज़।